Os Milagres dos nossos dias

Jean Hillaire — O médium que assombrou Kardec e sua época

Auguste Bez

Os Milagres dos nossos dias

Jean Hillaire — O médium que assombrou Kardec e sua época

Tradução:
Adriana de Oliveira

Traduzido originalmente do Francês sob o título *Miracles de Nos Jours*

© 2003, Madras Editora Ltda.

Editor:
Wagner Veneziani Costa

Coordenador da Madras Espírita:
Eduardo Carvalho Monteiro

Produção e Capa:
Equipe Técnica Madras

Tradução:
Adriana de Oliveira

Revisão:
Jefferson Jynm P. Rodrigues
Maria Cristina Scanparini
Mirian Rachel A. R. Terayane

Tiragem:
3 mil exemplares

ISBN 85-7374-666-1

Embora esta obra seja de domínio público, o mesmo não ocorre com a sua tradução, pois há compilações cujos direitos pertencem à Madras Editora. Fica, portanto, proibida a reprodução total ou parcial desta obra, de qualquer forma ou por qualquer meio eletrônico, mecânico, inclusive por meio de processos xerográficos, incluindo ainda o uso da internet, sem a permissão expressa da Madras Editora, na pessoa de seu editor (Lei nº 9.610, de 19.2.98).

Todos os direitos desta edição, em língua portuguesa, reservados pela

MADRAS EDITORA LTDA.
Rua Paulo Gonçalves, 88 — Santana
02403-020 — São Paulo — SP
Caixa Postal 12299 — CEP 02013-970 — SP
Tel.: (0_ _11) 6959.1127 — Fax: (0_ _11) 6959.3090
www.madras.com.br

"Em verdade vos digo: se tiverdes fé como um grão de mostarda, direis a esta montanha: transporta-te daqui para lá, e ela se transportará, e nada vos será impossível." (Mateus, 17,20)

"E tudo que pedirdes com fé, em oração, vós o recebereis." (Mateus, 21,22; Marcos, 11-24)

Fac-símile da dedicatória do médium a Allan Kardec, em que esse conjunto de mensagens é apresentado ao "prezado mestre" como "prova de dedicação e de reconhecimento".

Sumário

Introdução 11
Prefácio 19

Capítulo I
Infância de Hillaire – Primeiras visões 27

Capítulo II
O Espiritismo em Sonnac 33

Capítulo III
Escritura direta 37

Capítulo IV
Novas visões – Sono extático 43

Capítulo V
Viagem a Saint-Jean-d'Angély – Dhionnet – O lápis milagroso 51

Capítulo VI
Senhor Home – Provas – Lições dadas pelos Espíritos 59

Capítulo VII
Viagem a Bordeaux – Contribuição 65

Capítulo VIII
Visões diversas 75

Capítulo IX
Mais um milagre 85

Capítulo X
Sessões 89
Capítulo XI
Novas Contribuições – Um remédio 97
Capítulo XII
Minha estada em Briou – O anel milagroso – Uma manifestação solene – Uma consulta 109
Conclusão 123

Introdução

A história das civilizações está repleta de homens com poderes psíquicos e mediúnicos fora do comum que assombraram seus contemporâneos e fizeram suas famas ultrapassarem a barreira dos séculos: Sócrates, a Pitonisa de Endor, Apolônio de Tyana, Joanna d'Arc, Teresa d'Ávila, Nostradamus, Swedenborg e, mais na contemporaneidade, Eusápia Paladino, Linda Gazzera, Leonore Piper, Elizabeth d'Esperance, Carlos Mirabelli, Florence Cook, Chico Xavier, só para citar alguns.

Na época de Allan Kardec, pelo menos dois homens de extraordinários dons mediúnicos viveram: Daniel Douglas Home e Jean Hillaire. O primeiro, homem culto e refinado, freqüentador das cortes européias e ambientes aristocráticos, produzia fenômenos em plena luz do dia e em meio a espectadores: telecinesias, levitações, combustibilidades, transportes, aparições de Espíritos ocorriam em suas sessões. Foi estudado por cientistas de Harvard, que confirmaram seus poderes espetaculares. Jean Hillaire, homem simples que exerceu as humildes profissões de tamanqueiro e trabalhador rural, era quase iletrado e vivia restrito à região de Charente-Inferior, aldeia de Sonnac, sul da França, e pouco saiu das proximidades de onde vivia.

Na *Revista Espírita* de agosto de 1864, Kardec comenta o livro de Auguste Bez, originalmente intitulado *Os Milagres de Nossos Dias*, em que publica o relato das manifestações de Hillaire: *Notável médium, cujas faculdades lembram, sob muitos aspectos, as do sr. Home e, mesmo, a ultrapassam em certos pontos.* E mais adiante: *Deus, na repartição de seus dons, não leva em conta as posições sociais; quer que a luz se faça em todos os graus da escala e, por isso, tanto os concede ao menor quanto ao maior.*

Allan Kardec refere-se às críticas e às odiosas calúnias que sofreu Home e que também começava a abater-se sobre Hillaire. Diz o Mestre em 1864: *Ora, que proveito material tirou Hillaire de suas faculdades?Muita fadiga, uma grande perda de tempo, aborrecimentos, perseguições, calúnias. O que ganhou, e que para ele não tem preço, foi uma fé viva em Deus, que não tinha antes, uma fé na imortalidade da alma e na proteção dos bons Espíritos. Não é este, precisamente, o fruto buscado pelo charlatanismo. Mas ele sabe, também, que essa proteção não se obtém, senão se melhorando. É o que se esforça por fazer, o que, também, não interessa aos charlatães. É ainda o que o faz suportar com paciência as vicissitudes e provações.*

Em semelhantes casos, uma garantia de sinceridade está, pois, no absoluto desinteresse. Antes de acusar um homem de charlatanismo, é preciso perguntar que proveito tira em fazer enganos, porque os charlatães não são bastante tolos para nada ganhar e, ainda menos perder, em vez de ganhar. Assim, os médiuns têm uma resposta peremptória a dar aos detratores, perguntando-lhes: "Quanto me pagaram para fazer o que faço?" Uma garantia não menor e de causar viva impressão, é a reforma de si próprios. Só uma convicção profunda pode levar um homem a vencer-se, a se desembaraçar do que há em si de mau, e a resistir aos perniciosos arrastamentos. Então, já não é apenas a faculdade que se admira: é a pessoa que se respeita e se impõe à troça.

As manifestações obtidas por Hillaire são para ele sagradas; ele as considera como uma bênção de Deus.

O Codificador, instalado em Paris, fazia o Espiritismo fincar suas bases e dirigia o rumo de seus progressos, mas foram muito úteis seus seguidores contemporâneos nas províncias. Homens de muita fé e idoneidade implantaram e dirigiram os núcleos nascentes e realizaram a propaganda doutrinária com muita proficiência no resto da França e em outros países europeus.

Auguste Bez foi um notório espírita pioneiro de Bordeaux, um dos anfitriões de Kardec em sua viagem de 1862 àquela região e que pôde assistir a inúmeras sessões com o médium camponês de Sonnac e aquilatar a importância dos fenômenos. Bez foi o Diretor de vários jornais espíritas editados pela União Espírita Bordelense, iniciando-se com o *Buche Spirite Bordelaise* que circulava desde 1862 e, com várias denominações, até onde sabemos, ainda era editado em 1867 sob o nome *Lês Mystères d'Outre Tombe Dévoilés*. Foi Auguste Bez, portanto, um dos espíritas mais conceituados e atuantes, contemporâneo do Mestre, o que dá credibilidade a seu testemunho e descrição dos fenômenos.

Kardec sabia disso e só endossa a veracidade e fidelidade dos fatos e a considerada, até então, impoluta carreira mediúnica de Jean Hillaire pelo conceito que tinha de Bez: *A obra do sr. Bez é escrita com simplicidade e sem exaltação. Não só o autor diz o que viu, mas cita numerosas testemunhas oculares, a maioria das quais se interessaram pessoalmente pelas manifestações. Esses não teriam deixado de protestar contra as inexatidões, sobretudo se lhes tivesse feito representar um papel contrário ao que se passou. O autor, muito estimado e considerado em Bordeaux, não se teria exposto a receber semelhantes desmentidos. Pela linguagem se reconhece o homem consciencioso, que teria escrúpulo em alterar conscientemente a verdade. Aliás, não há um só fenômeno cuja possibilidade não seja demonstrada pelas explicações que se acham em* O Livro dos Médiuns.

Esta obra difere da do sr. Home (Incidents of my Life); *por isso que, em vez de ser um simples relato de fatos, muitas vezes repetidos, sem deduções ou conclusões, encerra, sobre quase todos os que são relatados, apreciações morais e considerações filosóficas que dele fazem um livro ao mesmo tempo interessante e instrutivo e no qual se reconhece o Espírita, não somente convencido, mas esclarecido.*

Ainda na *Revista Espírita*, Kardec após analisar os relatos de Bez, descreve a mediunidade do camponês que impressionava a todos quantos participavam de suas sessões: *As faculdades de Hillaire são múltiplas: é médium vidente de primeira ordem, auditivo, falante, extático e ainda escrevente. Obteve a escrita direta e transportes admiráveis. Várias vezes foi levantado e transpôs o espaço sem tocar o solo, o que não é mais sobrenatural do que se erguer uma mesa. Todas as comunicações e manifestações que obtêm atestam a assistência de muitos bons Espíritos e sempre se dão em plena luz. Muitas vezes entra espontaneamente em sono sonambúlico, e é quase sempre nesse estado que se produzem os mais extraordinários fenômenos.*

A experiência de quase cento e cinqüenta anos de Espiritismo codificado revelou que a mediunidade de efeitos físicos é espetaculosa na proporção das dificuldades enfrentadas na vida material por seus protagonizadores. Kardec felicita o médium Hillaire pela conduta correta e idônea que estava tendo, testada pela convivência com Auguste Bez e realçada por seu testemunho e de conterrâneos acima de qualquer suspeita. No entanto, prudente e profeticamente, destaca no final de seu artigo os perigos a que estão expostos os médiuns: *Quanto a Hillaire, felicitando-o por seu devotamento, nós o induzimos a jamais perder de vista que o que constitui o principal mérito de um médium não é a transcendência de suas faculdades, que lhe podem ser retiradas de um momento a outro, mas o bom uso que delas faz. Desse uso depende a continuação da assistência dos bons Espíritos, porque há uma grande diferença entre um médium bem dotado e o que é assistido. O primeiro não excita a curiosidade; o segundo, tocado ele próprio no coração, reage moralmente sobre os outros em razão de suas qualidades pessoais. Tanto no seu interesse, quanto no da causa, desejamos que os elogios de amigos, por vezes mais entusiastas que prudentes, nada lhe tirem de sua simplicidade e de sua modéstia, e não o façam cair na cilada do orgulho, que já perdeu muitos médiuns.*

Que fim teve Hillaire?

O livro de Auguste Bez é bem escrito, doutrinariamente correto e trata-se de um documento importantíssimo da época de Kardec para a história do Espiritismo. Mostra a visão lúcida dos pioneiros da Terceira Revelação na França e o estilo inigualável do Codificador, o cognominado bom-senso encarnado, ao analisar médiuns e mediunidades. Longe de se deixar levar pela espetaculosidade dos fenômenos de Hillaire, nunca quis levá-lo a Paris, fazer uso de suas faculdades para divulgar o Espiritismo ou promover espetáculos para conversão fácil de prosélitos.

Mas, ao fim da leitura da obra de Bez, todos têm uma sensação de vazio e uma pergunta fica no ar: *que fim teve Jean Hillaire?* Na *Revista Espírita* de março de 1865 encontramos a resposta em artigo, no qual Kardec descreve *O Processo de Hillaire*.

O Codificador, que havia anteriormente realçado as qualidades e a carreira do médium de Sonnac, igualmente tinha prevenido sobre os perigos que Hillaire corria. Pelas entrelinhas do texto de Bez, também se pode notar que, conquanto sua condição de espírita consciente, sabedor das graves conseqüências da exploração da mediunidade, Hillaire elaborava dentro de si uma perigosa comparação com Daniel Douglas Home e que algumas vezes sentia-se tentado a romper os limites físicos de seu território de camponês. No fundo, parecia que ele desejava que a celebridade local que adquirira se expandisse a outros centros. Para testá-lo ainda mais, os amigos que o rodeavam alimentavam, inconscientemente talvez, o orgulho e a vaidade do médium por meio de elogios. Vários indícios faziam prever sua queda e os Espíritos preveniram diversas vezes Kardec para não trazê-lo a Paris como era desejo de Hillaire. Expõe o Codificador em seu artigo: *Por muita presunção de um lado e fraqueza de outro, ele rompeu sua missão no momento em que ela poderia ganhar o maior brilho. Cedendo a perigosos arrastamentos e, talvez, somos levados a crer, a pérfidas insinuações propositadas, ele cometeu uma falta, em seguida à qual deixou a região e, da qual, mais tarde, teve que prestar contas à Justiça. Longe de sofrer com isto, como se vangloriaram nossos adversários, o Espiritismo saiu são e salvo desta prova, como se verá em pouco. Desnecessário dizer que queriam fazer passar todas as manifestações do infeliz Hillaire por insígnes trapaças.*

Neste triste negócio, o lesado, um dos que mais o tinham aclamado ao tempo de sua glória passageira e o tinha coberto com o seu patrocínio, escreveu-nos após a fuga dos culpados, para nos dar conta detalhada dos fatos e pedir o nosso concurso e o de nossos correspondentes a fim de que fosse preso (...).

Kardec repeliu veementemente seu envolvimento como era intenção do sr. Vitet, o mesmo confrade que muitos benefícios havia tido nas sessões de Hillaire.

No artigo, o Mestre evitou colocar as acusações contra Hillaire, que tinha também o envolvimento da sra. Vitet. Sua resposta ao sr. Vitet foi dura como mostra seu final: *Lamento tenhais podido pensar que eu servisse, fosse no que fosse, aos vossos desejos de vingança, dando passos à justiça. Era enganar-vos singularmente quanto ao meu papel, ao meu caráter e à minha compreensão dos verdadeiros interesses do Espiritismo. Se, como dizeis, sois realmente meu irmão em Deus, crede-me, implorai sua clemência e não a sua cólera. Porque aquele que chama a cólera sobre outrem corre o risco de fazê-la cair sobre si mesmo.*

Tenho a honra de vos saudar cordialmente, com a esperança de vos ver voltar a idéias mais dignas de um espírita sincero.

Allan Kardec

O Tribunal, aplicando o artigo 463 do Código Penal Francês, desqualificando inúmeros outros artigos, conforme desejava o ministério público, condenou Jean Hillaire a um ano de prisão e multas.

Segundo informações que obtivemos na atualidade, Hillaire teria sido defendido pelo brilhante advogado Jules Favre (1809-1880), defensor de trabalhadores e político bem-sucedido, que fundamentou a defesa do réu em inúmeros testemunhos e artigos de jornal, descrevendo os prodígios do médium. Muito pesou, uma carta do Dr. Jaubert, respeitado magistrado de Distrito, declarando sua profissão de fé espírita e defendendo as manifestações mediúnicas de Hillaire. A leitura de sua carta comoveu todo o auditório.

Sobre as conseqüências do episódio para o Espiritismo, declara Kardec: *O Espiritismo não saiu apenas são e salvo desta prova: dela saiu com as honras da Guerra. É verdade que o julgamento não proclamou a realidade das manifestações de Hillaire, mas as colocou fora de causa por sua declaração de incompetência; por isto mesmo não as declarou fraudulentas. Quanto à Doutrina, ali obteve um sufrágio brilhante. Para nós é o ponto essencial, porque o Espiritismo está menos nos fenômenos materiais que em suas conseqüências morais (...).*

Em seguida, Kardec tece longas considerações sobre a Doutrina Espírita, muito associada à produção dos fenômenos, *que longe de serem a parte essencial do Espiritismo, são apenas acessórios*, porque o principal para o espírita é a aplicação de seus princípios morais.

Assim termina o Codificador o artigo: *Hillaire pertence a essa classe que o Espiritismo de certo modo apenas faz aflorar. Por isso faliu. A Providência o havia dotado de notável faculdade, com cujo auxílio fez muito bem. Poderia fazer ainda muito mais se não tivesse, por sua fraqueza, rompido a missão. Não podemos condená-lo, nem absolvê-lo; só a Deus pertence julgá-lo por não haver cumprido a tarefa até o fim. Possa, com a expiação que sofre, dar uma volta séria sobre si mesmo e merecer Sua clemência!*

O fim de Jean Hillaire certamente não foi único e muitos têm caído no exercício desse dom maravilhoso que o Criador nos empresta. Entre muitos vitoriosos, alguns sucumbem arqueados pela responsabilidade que importa na prática de ser uma estação conectada com uma Outra Dimensão da Vida, tendo a missão de prestar socorro e consolo aos sofredores da Terra.

Recuperar a trajetória de Jean Hillaire, por meio da obra de Auguste Bez para os dias de hoje, foi uma satisfação inominável para as Editoras USE e Madras Espírita, que têm a sua linha editorial voltada ao compromisso de enriquecer a bibliografia espírita com o resgate de obras historicamente importantes e de conteúdo doutrinário irrepreensível.

Gostaríamos também de deixar consignado aqui nossos agradecimentos a Jorge Damas Martins e Stenio Monteiro de Barros, pelo empenho em pesquisar esta obra na Biblioteca Nacional da França.

Eduardo Carvalho Monteiro
Coordenador da Madras Espírita

Prefácio

Durante muito tempo, hesitei em colocar meu nome nesse livro, até o momento desconhecido, no meio de ondas impetuosas desse mar terrível que chamamos publicidade. Não vou tentar esconder, minha emoção era grande; temia o sarcasmo e a zombaria, essas armas que os céticos sabem manejar com tanta habilidade em nosso século, sobretudo em nosso país (França). Eu poderia muito bem ter me escondido atrás de um pseudônimo; meus amigos aconselharam-me a fazê-lo e, assim, não teria feito mais do que seguir o exemplo de tantos escritores imortais de quem as nações se orgulham. Mas essa tática não me alegrava. Eu me dizia coberto de razão; eu acreditava que, se é permitido um pseudônimo para publicar romances, essa literatura frívola, extravagante, que é inteiramente o fruto da imaginação, e não tem outro valor que seu valor real; se lhes é permitido também publicar obras filosóficas cujos sistemas, mais ou menos lógicos, atacam as idéias geralmente aceitas, contradizem-nas e são por vezes quebradas; se lhes é permitido, enfim, publicar obras que não pertencem ao domínio positivo da história, são julgadas em última instância e sem apelo pelo tempo, esse grande julgamento cujo veredicto é inflexível, não seria o mesmo para um livro como esse que eu ofereço ao público, para um livro repleto de fatos, que a massa rejeitaria como impossíveis, como absurdos, e que não são, porém, outra coisa senão a pura verdade, toda a verdade, nada mais do que a verdade.

Para apoiar tais fatos, devem-se oferecer todas as garantias possíveis, e um pseudônimo, longe de ser uma garantia, destruiria toda a crença. É preciso que um nome, um nome verdadeiro, ateste a sua autenticidade e exatidão; que não se deva jamais temer o ridículo, esse terrível ridículo que a soberba francesa teme cem vezes mais do que a situação mais desesperadora.

Portanto, seja qual for a força da minha fé dentro do grande papel desempenhado pelos Espíritos nos acontecimentos que ocorrem na superfície da Terra, seja qual for o ardor da minha convicção a respeito das manifestações do além-túmulo, apesar da coragem que eu já demonstrei para sustentar uma doutrina que, tenho certeza, em breve transformará, para melhor, a face da humanidade, tenho que confessar, e o faço sem medo, porque meu sentimento era completamente natural; eu não ousaria jamais atirar meu nome no meio de mil vozes da publicidade, se não tivesse encontrado os nomes também completamente honrados e cem vezes mais conhecidos do que o meu, completamente prontos a afrontar a zombaria dos espíritos fortes, a comiseração e a piedade dos humanistas, os sinais de cruz e a água benta dos padres. Protegida por uma escolta, toda hesitação ficou doravante impossível; minha fraqueza transformou-se numa força inabalável ao contato dessas forças poderosas cuja fonte era uma só frase: "eu vi".

A compreensão de quase todos os fenômenos registrados nessa coletânea a mim foi dada por testemunhas oculares que se deram ao trabalho de redigir os processos verbais muito precisamente e de apresentar abaixo as assinaturas de todas as pessoas que testemunharam o fenômeno. Eu reproduzi textualmente alguns dos trechos autênticos e, se fiz eu mesmo a narração de outros, foi para evitar o inconveniente de aborrecer o leitor por causa da monotonia exagerada na forma. Mas sempre me contive dentro dos limites da estrita verdade; acredito que estaria cometendo uma profanação infame se, por apenas um instante, eu tivesse errado a direção, sempre muito difícil de seguir, confesso, mas dentro da qual se pode andar com a cabeça erguida, com aquela soberba nobre que dá a um homem a certeza de ter cumprido um dever, com aquela força invencível que nos comunica uma voz interior repetindo sem parar em nossos corações palavras que nos eletrizam: "Siga o seu destino; nada tema, a verdade dissipa o erro, a luz dispersa as trevas e brilhará um dia, radiante, inextinguível, para iluminar a humanidade".

Disse anteriormente que muitos leitores rejeitarão considerar os fatos que eu conto, porque estes poderão lhes parecer impossíveis e, portanto, absurdos; mas, se eles refletissem seriamente, se eles procurassem com fé em suas lembranças, quantos deles não encontrariam fenômenos semelhantes, contados por Pedro ou Paulo, seus vizinhos, ou de que eles mesmos, quem sabe, foram testemunhas? Fenômenos que eles não ousaram reconhecer no momento, porque os consideram ridículos; fenômenos de que eles se riram, porque temos medo de confessar, mesmo interiormente; fenômenos em que temos dificuldade de acreditar, mas que nem por isso deixam de causar uma impressão profunda nos corações.

Desde sempre, a idéia de seres ocultos manifesta-se para a humanidade, um reino vivaz, indestrutível entre os homens. Foi uma das bases fundamentais sobre a qual repousam todas as religiões, todos os sistemas filosóficos dos antigos; a Grécia, a Galícia, a Índia e a China admitem-na; longe de negá-la, o Cristianismo não só sancionou a idéia de seres ocultos como deu-lhe uma nova força; a noção cobriu a Idade Média de fogueiras e sangue; foi pretexto para um dos crimes mais terríveis da história cuja lembrança assinala uma inegável mancha na história de uma grande nação: a idéia de seres ocultos fez Joana d'Arc queimar na fogueira.

Apesar dos protestos enérgicos daqueles que não viram; apesar do sarcasmo e do desdém daqueles que nem sequer quiseram se deter rapidamente a um pequeno exame; apesar da soberba dos príncipes da ciência que, do alto de seu renome e de sua glória, gritam num só coro: "É impossível!", apesar de tantos conceitos científicos e religiosos, os fatos são os fatos, e os argumentos mais contundentes não saberão como destruí-los.

E pur si muove (E todavia se move), gritou Galileu, indignado enquanto sua mão crispada assinava o odioso termo de sua retratação. Ele se retratou, sim. Contudo, o movimento da Terra não cessou. Da mesma forma as mesas que giravam, giram e girarão apesar da imobilidade com que elas são designadas pela Academia. A Academia! Os gênios mais ilustres de quem o mundo se orgulha, na verdade, deixam seus talentos à soleira, enquanto entram solenemente! Na verdade, uma grande aglomeração de crianças grandes deixa-se ir preguiçosamente a reboque de seu século e não admite as grandes descobertas que ninguém mais sonha em negar! Também foi preciso que os fenômenos espirituais tivessem chamado muito a atenção para que uma parte bem pequena do corpo de doutores decidisse examiná-los. E, que exame, meu Deus!... Todo mundo conhece os ataques veementes do ilustre Sr. Viennet!...

Embora fosse imperfeito, esse exame foi suficiente, porém, para constatar os fatos. Um sábio médico, M. Jobert (de Lamballe), desenvolveu a descoberta de seu colega, M. Schiff, e ofereceu perante a academia de medicina uma explicação peremptória aos fenômenos espirituais: a causa desses fenômenos está, disse ele, nas contrações voluntárias e involuntárias do tendão do músculo *curto-perônio*. Infelizmente, essa teoria não explica todos os casos, de onde se pode concluir que ela não seja minimamente aceitável. Como o *"curto-perônio"* do Sr. Jobert poderia explicar, por exemplo, os casos de visões dos quais esse livro está repleto? Outros sábios muito sérios, embora não pertençam a nenhuma academia, inventaram dois outros sistemas: um sobre a "alma coletiva" e outro sobre o "reflexo". Eles constataram que os efeitos eram inteligentes e, como conseqüência, deveriam ser produzidos por uma causa inteligente. Mas, como o materialismo deles não lhes permitiu aceitar aquilo que o "efeito" significava por si só — os Espíritos ou almas dos mortos — foi preciso encontrar outro sistema. Pelo sistema do "reflexo" procura-se estabelecer que o pensamento dos assistentes se reflete sobre o médium, e deste sobre a mesa, e era produzido por esse último por meio de modos convencionais. Pelo sistema da alma coletiva, que não passa de uma variante do sistema do reflexo, pretendia-se que apenas a alma do médium se manifestasse, mas que ela se identificasse com as de vários outros seres presentes ou ausentes e formasse um "todo coletivo" reunindo as atitudes, a inteligência e os conhecimentos de cada um. Os resultados obtidos demonstraram a insuficiência de sistemas semelhantes, os experimentadores sábios perderam a paciência e, rapidamente, desgostosos, trancaram-se novamente no nobre e vasto domínio do desdém.

Mas outra categoria de experimentadores estava livre das pesquisas minuciosas e conseguiu obter resultados verdadeiramente extraordinários que eles atribuem à ação dos Espíritos infernais. Os nomes mais respeitáveis dentre os altos funcionários do clero, os escritores mais eruditos entre os quais a pena, sempre encharcada de água benta, não se cansa de defender a causa santa do catolicismo infalível, proclamaram altivamente a verdade das manifestações e apresentaram seus autores aos fiéis. Monsenhor Guibert, então bispo de Viviers, destaca-se pela veemência de seus argumentos. "Como — dizia ele aos seus ouvintes alarmados —, como ousam vocês encarar sem pavor e se considerarem isentos do perigo que essas comunicações com os Espíritos do abismo podem trazer para as suas saúdes eternas? Demônios ou danados, eles são, uns e outros, as vítimas da justiça divina. Deus amaldiçoou-os e deles retirou a vida que existe apenas Nele. E vocês que aspiram à amizade e à possessão eterna de Deus, podem vocês acreditar que um comércio familiar lhes seja permitido com aqueles que estão na morte eterna? Nossas relações com esses seres degradados e malfeitores não podem ser mais do que as relações de ódio, de maldição, de repulsa absoluta"[1]. Um grande número de arcebispos e bispos seguiram seu exemplo: Monsenhores Mazenod, Saint-Marc, Bouvier, Pie, Dupanloup, Pavy, de Roess, etc. lançaram as ordenações ou mandamentos repletos de uma santa indignação. Os padres de um talento incontestável: Padre Ventura, Padre Ravignan, Senhor Bautain, Padre Félix, Padre Lapeyre, Padre Letierce, entre outros, fizeram ressoar as abóbadas de nossas basílicas com suas maldições para os autores infames e propagadores do Espiritismo. Mas, depois de muito o demônio ser usado, nós não o tememos mais; na verdade, nem sequer acreditamos mais nele, também, apesar das milhares de predicações enérgicas, apesar dos volumosos escritos dos Monsenhores de Mirville, Desmousseaux, Marquês de Roys, curador Marouzeau, Padre Nampon, Padre Matignon, Padre Failoux, Louis de Laincel, Padre Delaporte e tantos outros, os sábios não largaram a profunda indiferença em que estavam majestosamente envolvidos, e o estudo sério dos novos fenômenos tornou-se a única partilha de homens desconhecidos exatamente como hoje, mas que, precisamente por causa de sua obscuridade, podem e devem estudar frutiferamente.

Mas, por que os sábios julgam esse estudo indigno de sua atenção? Será porque o século no qual vivemos seja materialista acima de qualquer coisa; não se quer admitir aquilo que se vê; não se quer acreditar na infalibilidade de uma ciência completamente materialista, à qual, portanto, todo novo passo dado pela humanidade cria desmentidos cruéis e explosivos. Também se resiste, sem pena, sem temor de desnaturalizar a história, a todos os fatos, quaisquer que sejam, que se relacionam com essas manifestações; nós os repelimos, é só por isso que não se pode submetê-los à exploração dessa ciência materialista, incapaz de analisar essas manifestações. Averiguasse de uma maneira mais autêntica ainda, o que importa! Esses fatos são sobrenaturais e, portanto, absurdos, impossíveis.

---

1. Carta pastoral de Monsenhor Guibert, bispo de Viviers.

Observe que por "sobrenatural" designamos todos os fenômenos que a ciência não conseguiu explicar, os que não podemos reproduzir voluntariamente com a exatidão rigorosa de uma operação química. Também, quanto mais a ciência se enriquece de meios de ação, mais o cerco do sobrenatural se fecha; e nós podemos julgar pela marcha rápida percorrida na primeira metade do século XIX e os progressos bem mais rápidos ainda, que nós seremos em breve chamados a compartilhar.

Pessoalmente, deveria eu pretender tachar a impiedade, deveria eu me lançar à face dos conceitos e das maldições que o partido clerical, qualquer que seja o rito a que ele pertença, usa e abusa, em nossos dias, com tanta profusão; eu o declaro altivamente, eu não posso admitir o sobrenatural na verdadeira acepção da palavra. Se Deus, o Ser supremo, o Grande Arquiteto dos mundos, é Todo-Poderoso, também Imutável, e eu não posso crer que, sendo Todo-Poderoso, Ele não teria previsto certos casos que viriam destruir sua Imutabilidade. As leis que impôs à natureza são imutáveis como Ele, mas, qual homem sobre a face da Terra pode se gabar de conhecer essas leis?

Está no espaço que nos cerca e no qual vivemos, está nos seres desconhecidos, invisíveis, imponderáveis, dos quais não tínhamos, até agora, desconfiado da existência, e que têm um papel — imenso, certamente — nos acontecimentos que ocorrem todos os dias. Que a ciência não se apresse, portanto, em repelir os fatos estranhos, inexplicáveis, apenas porque ela mesma não os consegue explicar, porque a ciência humana é uma escada sem fim; quanto mais nós subimos as escadas bentas que tocam os Céus, os Céus do Infinito, mais nós sentimos em nossos corações a necessidade de subir e subir ainda mais, pois, à medida que nós sondamos os mistérios da natureza, novos horizontes abrem-se aos nossos olhos surpresos e novos segredos vêm exigir serem revelados.

Observando brevemente os períodos que nos precedem, podemos perguntar o que teríamos feito se Deus tivesse nos enviado aqui para esse mundo cerca de cem anos atrás. Seria o caso de nos perguntarmos se os fenômenos hoje — tão comuns como o vapor, a eletricidade, o magnetismo e os efeitos produzidos por todos os fluidos invisíveis, imponderáveis, cuja ação constante começou, enfim, a desafiar os olhos da ciência — não teriam nos parecido milagrosos, isto é, impossíveis, absurdos. E ainda podemos perguntar se, uma vez chamados a explicá-los, nós não teríamos seguido o caminho que a maioria dos sábios de hoje adota para explicar os milagres do Espiritismo, bem como o caminho que tem seguido para explicar os milagres de Jesus, por exemplo, recentemente, um ilustre escritor cujos erros eu lamento tanto e a quem admiro muito por seu grau de eloqüência, poesia e vasto saber. Assim, imaginemos que, como eles, nós também não teríamos encontrado nada de melhor do que um charlatanismo vergonhoso, uma especulação revoltante, ou a negação absoluta dos fatos confirmados por milhares de testemunhas oculares.

Também, ao rejeitar o sobrenatural, na acepção rigorosa do termo, eu me apresso em admitir o milagre, em um sentido relativo, e atribuo esse nome, não somente, como um escritor espírita que ninguém poderia contestar a lealdade e o talento[2], a todo "fato que, na situação dos conhecimentos humanos e de nosso desenvolvimento, não pode depender de um Espírito encarnado apenas e que demonstra a intervenção dos Espíritos desencarnados de cima e de baixo, sejam eles anjos e bons Espíritos, sejam eles os espíritos ordinários, de toda ordem e natureza, com a permissão ou a tolerância do Soberano Mestre, Deus"; mas ainda a todo fenômeno que escapa das leis da natureza conhecidas até hoje; eu direi mais ainda: a todo fenômeno inexplicável dos quais somos testemunhas.

E é por isso que eu pude chamar este livro de *Os milagres dos nossos dias*, eu que muito recentemente censurei o célebre Sr. Home por ter dado o título de *Revelações sobre minha vida sobrenatural*[3] para as suas memórias. Porque, na vida do Sr. Home, não mais do que na vida de Hillaire, não vejo nada contrário às leis da natureza. Vejo nela, como na vida de Moisés, como na vida de Jesus, como nas de Simon, de Apollonius de Tyane, e de todos os taumaturgos ateus ou cristãos, uma variedade de fatos que a ciência materialista não soube explicar, porque a causa principal que os produziu, por ser uma causa imaterial, escapa de sua análise, recusa-se a decompor-se sob a ação de seus destiladores, ácidos, escapa das investigações mais minuciosas.

Mas se nós nos libertarmos dos entraves grosseiros que abordam a matéria da ciência materialista e mergulharmos o olhar de

---
2. Fhilatéthès. — La Vérité (A verdade), de Lyon, número de 3 de abril de 1864.
3. *Buche Spirite Bordelaise*, número 12, novembro de 1863, página 188.

nossa alma nas profundezas insondáveis das leis morais e imateriais, logo somos iluminados por uma luz estonteante que desafia nossos olhos e que nos faz descobrir as forças não-nomeáveis que sem a alma não poderíamos suspeitar. Nós nos agarramos alegremente ao fio condutor que nos guia através do obscuro labirinto dos mistérios que há muito tempo nutre a humanidade.

Um questionamento que me fizeram alguns amigos, aos quais eu falei sobre os manuscritos ou a quem mostrei os primeiros rascunhos de meu livro, será repetido, sem dúvida, por muitos leitores. Assim, eu me apressei em respondê-lo. Por que, perguntam eles, você não explicou, pelos meios de ação novos de que você nos fala, o conhecimento das leis morais e imateriais, os fatos estranhos que você relata? Por que você não provou matematicamente, por A+B, sua possibilidade? Eu confesso achar que esse questionamento tem fundamento e, mais que qualquer outro, quis evitá-lo. Mas é impossível esquecer que esse livro deveria ser uma história e não uma obra científica. O limite bem estrito a que devo me reter levou a me restringir a relatar muito sucintamente os fatos mais marcantes que preencheram a vida mediúnica de Hillaire. Contudo, essa demonstração tão interessante quanto útil e instrutiva não deveria permanecer desconhecida. Assim, eu me dispus a fazê-la aos integrantes da *Buche Spirite Bordelaise*, a qual eu recomendo freqüentar alguns de meus leitores, depois de me lerem, que quiserem ver por si mesmos a possibilidade dos fatos que, repito, só parecem extraordinários quando os estudamos apenas com as forças da ciência humana, forças totalmente incapazes diante daqueles e encontradas no caminho das causas pertencentes ao elemento espiritual e moral.

De todos os sistemas inventados até agora para explicar as manifestações espíritas pelos outros agentes além dos Espíritos ou das almas dos mortos, o único que permanece é aquele que explica a ação diabólica. Achei, portanto, que deveria lhe consagrar as páginas finais deste livro.

Eu não sei se os argumentos aqui convencerão os leitores. Porém, eu tenho a convicção de ter cumprido uma tarefa, de ter cumprido um dever em divulgar os fatos que cada um será livre para interpretar a seu modo, os quais eu posso, com a mão na consciência, garantir a mais rigorosa autenticidade.

Bordeaux, 1º de maio de 1864.
Auguste Bez

I

Infância de Hillaire – Primeiras visões

Jean Hillaire nasceu em 14 de fevereiro de 1835, em Sonnac, subdistrito de Matha (Charente-Inferior). Proveniente de uma humilde família de agricultores, ele recebeu a instrução extremamente elementar que recebem, atualmente, as crianças da zona rural: ele aprendeu a ler e a escrever, somente o necessário para compreender e fazer-se compreender a distância. Seus ancestrais, muito estimados na região graças à sua exemplar probidade, exerceram, de pai para filho, a profissão de tamanqueiros, que ocupava os frios e lúgubres dias de inverno quando a intempérie da estação tornava impossível o trabalho no campo. Hillaire foi tamanqueiro como eles e, também como eles, soube conservar intacta a reputação de honestidade, brasão tanto mais precioso por ser o único com o qual possa se enobrecer uma família de pobres trabalhadores.

Um homem cuja honradez é incontestável, um magistrado cuja integridade, delicadeza e capacidade são grandes e justificadamente apreciadas no pequeno raio de ação pelo qual Deus lhe permitiu dar o exemplo de todas as virtudes, o Sr. Moise Vincent, prefeito de Sonnac, prestou, a respeito de Hillaire, o seguinte testemunho que, por si só, descreve-nos de maneira admirável o homem cuja potência mediúnica bastou para mudar os hábitos e costumes da maioria de seus vizinhos, transformou seus vícios em virtudes, sua avareza em caridade, seu egoísmo em uma fraternidade admirável, cujos maravilhosos efeitos eu mesmo tive a felicidade de sentir. Eis o testemunho, simples e curto, como tudo o que vem do coração:

"Eu, abaixo assinado, Moise Vincent, prefeito da comuna de Sonnac, certifico que o senhor Hillaire Jean, originário desta comuna e que aqui sempre morou, é de boa vida e costumes, e que sua conduta sempre lhe trouxe a estima de seus vizinhos.

Este jovem pertence a uma família pobre, mas cujos membros sempre se mostraram honestos; ele exerceu por algum tempo a profissão de tamanqueiro; ele é, afinal, neto e filho de tamanqueiros; seu pai, por trabalho, ordem e inteligência, conseguiu reunir um honesto pecúlio; ele tem quatro irmãs, três das quais casadas; sua mãe ainda vive.

Uma confiança extrema em suas relações com seus semelhantes parece ser o traço mais marcante de seu caráter; qualidade que é, aos olhos de muitos, uma falha no estado atual de nossa sociedade trouxe-lhe reveses sob os golpes dos quais sua honestidade não desfaleceu; também, compraz-me repeti-lo: ele sempre mereceu e conservou a estima de seus vizinhos.

Por isto, pude redigir, com toda segurança de consciência, essas poucas linhas, para atestar, se necessário, sua honestidade e sua franqueza.

Sonnac, 11 de outubro de 1863.

Assinado: o prefeito
Vincent."

Desde a mais tenra idade, Hillaire teve relações com o mundo dos Espíritos, esses seres invisíveis para a imensa maioria dos homens, mas cuja influência oculta desempenha um papel tão grande nos acontecimentos que se desenrolam todos os dias sob nossos olhos. Sua própria mãe contou-me que, na idade de cinco anos, ele teve a visão da alma de seu avô, morto muito tempo antes do nascimento de Hillaire; as circunstâncias dessa visão eram de tal forma características que não puderam deixar a menor dúvida naqueles que dela foram testemunhas. Ele gritou de repente que via seu avô se erguer de perto da lareira onde estava sentado, aproximar-se do leito e procurar nele subir, depois curvar-se sobre seu peso e cair de joelhos aos pés do leito, para não se erguer mais. Era certamente a maneira inesperada como morrera seu avô.

A primeira visão da qual o próprio Hillarie guardou uma lembrança precisa ocorreu quando ele estava com treze anos. Nessa época, seu pai, que queria dar-lhe bem cedo hábitos de trabalho, encarregara-o de cuidar dos cavalos cuja estrebaria se situava diante do cemitério. Situado no meio do vilarejo, segundo um velho costume do interior, o cemitério ainda não tinha os muros que constituem hoje seu mais belo ornamento; suas tumbas, eloqüentes por sua própria nudez, pareciam olhar incessantemente os passantes, como que para adverti-los da fragilidade da existência humana e lembrá-los de que eles também seriam um dia colhidos pela foice inexorável da morte. De sua estrebaria, Hillaire era, por assim dizer, forçado a mergulhar seu olhar no asilo dos mortos; muitas vezes, ele fizera um rápido exame das saliências de terreno que só as tumbas dos lugares inabitados distinguiam, sem que a menor impressão fizesse bater seu coração, quando um dia ele viu um espírito passear de lá para cá no cemitério. Crendo inicialmente numa ilusão de ótica, ele esfregou os olhos, depois considerou atentamente o fantasma, que o olhou também e lhe fez sinal para segui-lo. Apesar de bem jovem ainda, Hillaire era muito corajoso; bastou um instante para transpor a distância que separava a estrebaria do cemitério; o fantasma ainda estava lá, mas recuando à medida que o menino avançava. Este, pensando que poderia ser nada mais que um homem (tinha toda a aparência), correu na direção dele, perguntando-lhe em voz alta o que fazia naquele lugar, o fantasma retirou-se ainda sem fazer qualquer ruído, sem mover a menor haste de mato, chegou perto de uma tumba, parou e Hillaire viu-o distintamente mergulhar na terra. Convencido, então, da realidade da aparição, ele voltou a seus cavalos e terminou seu trabalho diário.

Chegando a casa, ele logo foi contar o que acabara de ver; sua mãe fez devotadamente o sinal da cruz e murmurou um Pai-nosso; seu pai inicialmente riu e deu de ombros, crendo ser, sem dúvida, alguma travessura do menino, depois se aborreceu vendo que ele insistia e lhe disse bem rudemente que não era bom crer em espíritos, que certamente ele estava sob a influência de algum desses contos de velha, de alguma dessas histórias estranhas que, sob pretexto de divertir os jovens, implantam no seu coração germes de superstição e de temor que sufocam as nobres aspirações e minam o amor ao trabalho. O menino persistiu e o pai acusou-o, então, de ter inventado aquele conto ridículo para encontrar um pretexto de não ir mais cuidar dos cavalos, mas que ele não via assim as coisas e que, se voltasse a tocar no assunto, uma correção material seguir-se-ia inevitavelmente. O pequeno Jean, seguro com a força que a verdade dá, não recuou diante da advertência paterna, afirmou novamente o fato, protestou inocência e sua boa vontade, declarando que não tinha medo, que os espíritos não podiam fazer mal e que isso não o impediria de enfrentar todos os dias seu trabalho habitual.

O pai, também chamado Hillaire, perturbado com uma firmeza tão incomum nessa idade, disse-lhe, então: "Vem comigo e veremos o que há de extraordinário". Eles foram e entraram juntos no cemitério.

Quase imediatamente os olhos do pequeno Jean fixaram um ponto determinado; ele viu uma criança toda vestida de branco e com uma figura angelical que o olhava e lhe sorria com uma doçura e um charme inexprimíveis; uma asa branca como o tecido de seu traje ultrapassava seu ombro direito e parecia sorrir, ela também, em sua imobilidade; a distância que os separava era pouca. Tomando a mão de seu pai e lhe designando a visão, Hillaire, transportado de admiração, disse-lhe: "Meu pai, o senhor bem vê esta criança. Oh! Como é bela! Oh! Como nos olha com ternura! Oh!..." — "Mas você está louco, não vejo nada", respondeu o pai. Hillaire, então atirou-se na direção da criança, querendo pegá-la para provar a seu pai que ele não estava sonhando, mas a visão escapou de seus braços e parecia conservar, apesar de todos os seus esforços, a distância que sempre os separava. O pai, irritado, quis levar o filho, quando este viu a asa da criança agitar-se majestosamente e a visão se elevar lentamente ao céu; ele a seguiu com os olhos, mostrou-a a seu pai, que se encolerizou, e levou-o bruscamente para casa, repetindo as palavras que já lhe dirigira antes, ameaçando puni-lo severamente, até bater-lhe, se um dia viesse ainda lhe falar daquelas frivolidades. Como filho respeitoso, ele sabia obedecer ao pai; prometeu, então, não lhe contar mais esses fatos se lhe acontecesse de vê-los novamente.

Passaram dois anos, durante os quais Hillaire não teve nenhuma outra aparição e a lembrança dos dois, que acabo de transcrever, apagara-se de seu espírito, até que ele foi novamente testemunha de um fenômeno do gênero. Era 1850, ele vinha de Brie para Sonnac, às nove ou dez horas da noite, sob um belo luar, quando viu, num canto da estrada, a silhueta de um homem que parecia se esconder na sombra projetada por uma cerca de arbustos muito espessa. Levado pelo primeiro movimento sempre impetuoso de sua natureza ardente, Hillaire gritou: "Quem está aí?" e preparou-se, apesar de sua pouca idade, para se defender se fosse atacado. Só o silêncio respondeu ao seu grito; parou indeciso, o homem não se mexia; ele temia, então, ser pego por trás na volta do caminho, o medo apoderou-se um instante dele; ele resolveu evitar aquele que, talvez, fosse um inimigo, cortando o caminho através do campo. Mas, assim que entrou no vinhedo que queria atravessar, percebeu a silhueta negra seguindo o mesmo caminho e avançando até onde ele estava. Ele voltou atrás, retomou a estrada e, correndo, ultrapassou a sebe ao lado da qual vira seu inimigo pela primeira vez. Percebeu, então, que continuava seguindo através do campo a direção que ele pretendera tomar e, logo, viu-o retomando a estrada e, detendo-se a alguns passos, diante dele: "Enfim, o que você quer de mim?" gritou o jovem Jean Hillaire. Nenhuma resposta. Contando com a velocidade de suas pernas, ele se atirou para passar assim mesmo e estendeu os braços para sacudir aquele que acreditava ser um adversário e que seus olhos estavam a ver; só tocou o vazio. O Espírito, como então ele compreendeu que era, ajeitou-se para deixá-lo passar, mas, pondo-se ao seu lado, obstinou-se a acompanhá-lo em sua caminhada. Desde o momento em que se convenceu de que estava tratando com um ser imaterial, Hillaire não teve mais medo desse singular companheiro de estrada; até lastimou sua ausência quando esse, após terem percorrido juntos cerca de 400 metros, deixou-o de repente e entrou numa vinha, sem ter rompido o silêncio um instante sequer. Só então Hillaire lembrou-se de suas visões anteriores; chegou em casa mais feliz do que penalizado com a aventura noturna e não pôde evitar de contar à sua família; mas, ainda dessa vez, ele contara com a severidade paterna, a qual seu relato veio enfrentar. A repreenda que recebeu foi tão viva que, a partir dessa época, guardou o mais completo silêncio sobre as numerosas aparições que não deixava de ter; inclusive simulava um riso sempre que lhe lembravam suas "histórias de espíritos", que distraíam os velórios da aldeia. Um novo fato, entretanto, veio ainda forçá-lo a proclamar a verdade bem alto.

O senhor Méchain, de Sonnac, que possuía uma estrebaria ao lado da de Hillaire, morrera cerca de vinte dias antes; foi durante o inverno de 1851-1852. Hillaire, ocupado cuidando de seus cavalos, viu-o distintamente perto de si. Quando subiu ao celeiro para pegar feno, viu Méchain subir junto, pela escada, e sentar-se em um monte que formava as forragens de que ele precisava. Sua emoção foi tão grande que caiu de cabeça, mas, ergueu-se imediatamente e, com vergonha de sua fraqueza, andou na direção do Espírito, que se retirou para um canto do celeiro. Após tê-lo olhado por alguns instantes, Hillaire desceu para dar o feno aos cavalos; depois, para se assegurar de que não era um joguete de uma ilusão, voltou ao celeiro, no qual encontrou o Espírito na posição de antes, ou seja, sentado no mesmo monte de forragens. De novo, ele foi na direção dele e estendeu a mão para tocá-lo; essa mão foi tomada pela do espírito, que a apertou fortemente, como testemunho de amizade; depois, a aparição ergueu-se fazendo-lhe sinal de adeus com as mãos e a cabeça, e Hillaire viu-a desaparecer através do teto.

Voltando para casa, encontrou vários vizinhos já reunidos para o velório e não pôde se impedir de narrar sua nova aventura. Ruidosas gargalhadas acolheram seu relato; zombavam francamente do "menino grande que, na idade em que devia pensar nos amores (ele tinha então dezessete anos), acreditava em espíritos, como as criancinhas ainda vestidas de robe". O sarcasmo de seus amigos e o temor ao ridículo fizeram mais sobre o espírito de Hillaire do que todas as admoestações e ameaças paternas. Pareceu-lhe que rebaixava ante si mesmo; seu amor próprio foi ferido; ele se revoltou contra sua natureza crédula; ele resistiu a si com todas as forças, contra a verdade e, quando o homem feito substituiu o menino, ele foi, talvez, um dos mais céticos, um dos mais materialistas de todos os aldeões de Sonnac e arredores.

Durante mais de dez anos, Hillaire esteve longe, bem longe de duvidar de que ele mesmo serviria de instrumento à Providência para trazer a tantos corações a convicção íntima, inabalável, da imortalidade da alma e a crença nesse Deus de amor e de misericórdia que rege o universo e cobre todas as suas criaturas com sua égide tutelar, seu afeto paternal, sua justiça inalterável. Mas, os caminhos de Deus não são os nossos. A seqüência dessa história vem, uma vez mais, provar, de maneira irrefutável, essa admirável e consoladora verdade.

II

O Espiritismo em Sonnac

Com o ano de 1863, todo um mundo de idéias novas penetrou a aldeia de Sonnac. Um exemplar de *O Livro dos Espíritos*, essa sublime coletânea contendo os princípios imortais de uma filosofia divina, revelados pelos espíritos ou almas dos mortos, coordenados, explicados, comentados por um homem cujo nome continuará para sempre escrito nos anais da história. Um exemplar de *O Livro dos Espíritos*, de Allan Kardec, fora dado ao Sr. Berthelot, proprietário em Sonnac, por seu cunhado, Sr. Bonnet, arquiteto em Saint-Jean-d'Angély, membro da Sociedade Espírita dessa cidade. O título original da obra atraiu a curiosidade de cinco ou seis amigos de seu feliz possuidor. Eram os mais incrédulos, os teimosos da aldeia; eles se prometeram rir muito ao ler, todos juntos, esse belo livro verde e agradeceram de antemão ao acaso que lhes proporcionou uma tão bela ocasião de passar alegremente as longas e frias noites de inverno. Mas, à medida que as sublimes páginas desse volume santo se desenrolavam diante de seus olhos, sua razão esclarecia-se; sua inteligência lançava-se, feliz, para um horizonte até então desconhecido; a fé em Deus, na alma, em sua imortalidade, em sua individualidade, fazia palpitar seu coração de amor e de esperança, de alegria e de felicidade. Nem quinze dias tinham ainda se passado e, longe de rir das revelações dos Espíritos de Allan Kardec, como diziam com ironia alguns críticos, longe de zombar das revelações dos mortos, longe de ocupar suas noites com pontadas irônicas e sarcasmos mais ou menos espirituais, como planejavam inicialmente, eles tinham compreendido todo o alcance dessa nova filosofia, que veio lembrar ao mundo que as bases inabaláveis sobre as quais deve repousar a sociedade são:

1. a fé em um Deus supremo, criador e organizador da imensidão, em um Deus todo-poderoso, ao mesmo tempo justo e bom;
2. a prática da lei do amor, da caridade, da solidariedade universal, que Deus, pai de todas as criaturas, colocou-lhes no coração para que, ajudando-se mutuamente, elas cheguem, por seu aperfeiçoamento individual, à felicidade que lhes é reservada, quando, então, serão puras o bastante para merecer serem admitidas nos mundos felizes que o Criador lhes preparou na eternidade.

Desde então, eles não liam mais, devoravam esse livro que dava a seu coração um alimento do qual ele fora sempre sedento. A obra ainda não estava terminada e eles eram espíritas ardentemente convictos, espíritas dos mais fervorosos.

Um desejo bem natural apoderou-se deles; após terem admitido essa teoria que lhes fazia tanto bem, eles quiseram ver se a prática não retirava nada de sua beleza. Acreditaram, quiseram ver. *O Livro dos Médiuns*, do mesmo autor, chegou até o grupo e, imediatamente, eles se puseram à obra. Nas sessões de experimentação, tentativas de mediunidade ocorreram quase que todas as noites, tanto na casa de uns como na casa de outros, para o riso dos vizinhos, que ficaram sabendo que esses senhores queriam fazer as mesas se moverem, fazer falarem os mortos. Logo alguns sintomas de mediunidade foram observados entre alguns deles, mas eram tão fracos, respondiam de forma tão precária às necessidades imperiosas de sua fé ardente e entusiasta que, talvez, eles se teriam desanimado se Deus, que conhecia a retidão de suas intenções, não viesse em sua ajuda enviando-lhes um instrumento mediúnico admirável.

Em Sonnac, entre os que zombavam, o mais arrebatado de todos talvez fosse Jean Hillaire que, tendo encouraçado sua alma com uma camada espessa de incredulidade e de materialismo, esquecera completamente os fenômenos de que fora testemunha em sua infância. Informado do que se passava no cenáculo por um de seus amigos, Théodore Héraud, ele gratificara seus vizinhos com epítetos dos mais desagradáveis; sempre que lhe propunham assistir a uma dessas reuniões íntimas, ele fizera ar de considerar nossos espíritas como homens totalmente privados da razão. Esses, no entanto, enfrentavam com coragem o riso público e continuavam suas tentativas; contudo, para evitar cenas que se tornavam desagradáveis, eles não falavam a ninguém mais e reuniam-se em segredo. Mas como manter qualquer coisa em segredo numa pequena aldeia!...

Jean Hillaire, no dia 10 de fevereiro daquele ano (1863), a quem não se falava mais de nada, soube que o grupo se reunia no lugarejo de Métairie, perto de Sonnac. O tempo estava horrível, a chuva caía torrencialmente e o vento do norte, que soprava com um furor espantoso, produzia uma verdadeira tempestade. Cada um estava fechado em sua casa, reclamando, ao redor da lareira da família, dos rigores da estação; só cinco ou seis casas não estavam tranqüilas: aquelas em que habitavam os nossos zelosos experimentadores. Engano-me, havia uma, ainda. Em casa, Hillaire estava tomado por uma agitação febril. Seria a curiosidade redespertada por um instante, seria o despeito por não lhe contarem mais o que ocorria no cenáculo, seria por algum outro motivo? Ele mesmo ignorava, mas sentia-se impulsionado por uma força interior a ir a essa sessão, da qual agora todos se distanciavam; parecia-lhe ouvir uma voz íntima gritando sem cessar em seu ouvido: "Anda, anda; enfrenta o frio e a tempestade, enfrenta os elementos em cólera, anda, anda corre a Métairie", e, apesar das representações de sua mulher, apesar da chuva torrencial, ele partiu e logo, abrindo a porta de Renaud, viu-se em plena sessão espírita. Sua chegada espantou todos os assistentes, mas a calma logo substituiu a agitação momentânea, para então se proceder, conforme o hábito, às tentativas de mediunidade. Convidado a tentar como os outros, Hillaire sentou-se perto da mesa e pegou um lápis. Imediatamente sua mão foi tomada por convulsões espantosas, movimentos impetuosos e sem nenhuma regularidade; rabiscava, rabiscava o papel com uma velocidade tal que os assistentes, espantados, suspenderam seus próprios trabalhos para admirar esse fenômeno estranho. Pouco a pouco, a agitação diminuiu, os movimentos tornaram-se menos desordenados, o lápis traçou hastes inicialmente, depois letras, depois palavras, depois frases sem seqüência. Enfim, a mão deteve-se. Hillaire não ria mais: ele era um médium.

Alguns dias após, tinha consigo as obras de Allan Kardec; consagrava à sua leitura todo o tempo ocioso de sua vida camponesa. Desde esse momento, ele foi um dos mais assíduos do pequeno grupo e proclamou em alto e bom som o que lhe acontecera. Sua conversa foi uma sensação na aldeia; haviam-no visto tão encarniçado, zombando tanto, que muitos pensavam que ele estava planejando algo; pensavam que combinara alguma coisa para se divertir melhor, mais tarde, às custas dos espíritas. Mas logo os progressos rápidos de sua faculdade mediúnica não permitiram mais dúvidas a respeito. Hillaire era muito e sinceramente espírita e, mais ainda, era verdadeiramente médium. Os incrédulos e os que riam desforraram-se, acrescentando um louco a mais à lista dos loucos da aldeia. Hillaire rira, ele viu rirem dele. Entretanto, sua mediunidade desenvolveu-se sem cessar. Após algumas sessões, ele obtinha comunicações inteligíveis e inteligentes. Sua escrita era completamente mecânica, muito difícil de ler, mas, com paciência, conseguia-se. E, é preciso dizer, esses senhores não deixaram de tê-la. Logo foram feitas evocações, e os Espíritos evocados responderam ao apelo e deram provas palpáveis de sua identidade. O círculo dos crentes aumentou pouco a pouco; a teoria estava plenamente confirmada pela prática. As coisas estavam assim há algum tempo quando um novo fenômeno veio redobrar a fé dos crentes e atingiu poderosamente um bom número de incrédulos.

III

Escritura direta

Desde que a mediunidade de Hillaire se desenvolvera, as sessões aconteciam regularmente em Sonnac, na casa do Sr. Berthelot, o primeiro a possuir *O Livro dos Espíritos*. Os Espíritos que ali se comunicavam por intermédio do médium, certamente, não eram sábios, poetas nem membros do Instituto; eles não vinham ditar teorias científicas, discursos admiráveis, em verso ou em prosa; os ouvintes não teriam podido compreendê-los. Esses Espíritos eram o que deveriam ser: pais, amigos, vizinhos; seu estilo incorreto, suas imagens banais; a ignorância à mais completa das simples regras de ortografia e de pontuação faria rir de piedade os críticos de nossas cidades; mas, tal como era, sua linguagem ia ao coração dos assistentes e, apesar de todas as suas imperfeições, produzia mil vezes mais efeito do que poderiam ter feito magníficos sermões de Bossuet, Massillon ou Lacordaire.

É triste revelar essas coisas, mas não posso me calar, pois elas são a expressão pura e simples da verdade: eu vi pessoas bem sinceras, espíritas bem convictos, sustentarem diante de mim que Hillaire era obsedado por maus Espíritos, porque suas comunicações eram precárias em termos de ortografia. Eu poderia lhes responder que essa alegação é desprovida de bom senso, que está em desacordo formal com o que se passa todos os dias; eu poderia mostrar-lhes um bom número de grandes homens: Napoleão I, por exemplo, corrigindo as faltas dos mais ilustres escrivães de sua época e deixando-os formigar em seus próprios manuscritos; eu poderia lhes dizer que todos esses grandes gênios, a glória da humanidade, preocupados com as inúmeras idéias que se prensavam em seu vasto cérebro, não se importavam com a maneira mais ou menos correta pela qual as gravavam no papel; eles deixavam a seus copistas o cuidado, para eles trabalho secundário, de corrigir e pontuar; eles não se detinham senão ao pensamento que queriam expressar e que, apenas, tinha importância. Assim são, em geral, os Espíritos que se comunicam conosco; pouco preocupados com a forma pela qual nós transcrevíamos seus ensinamentos, eles se atinham, sobretudo, a fazer-nos compreendê-los, a colocá-los ao alcance de cada um de nós. Mas há uma razão mais definitiva ainda: os Espíritos que se comunicavam em Sonnac, como eu disse, pais, amigos, vizinhos, em sua maioria desprovidos da menor instrução, serviam-se de um instrumento iletrado como eles. Como teriam podido escrever de modo correto? A ignorância, afinal, não é sinal de inferioridade moral, e o camponês de nossos campos abruptos pode ter o melhor coração, pode, por ignorante que seja, praticar mil vezes melhor a santa lei do amor, da fraternidade e da caridade, do que um ilustre acadêmico todo cheio de ciência. Ora, sabemos que cada um recebe uma recompensa proporcional à bondade de suas obras e não pelo grau de sua ciência; um Espírito pode, portanto, sendo um bom Espírito, boa sustentação e bom guia, não ter nenhuma instrução e deixar que isso transpareça em seus escritos.

Entre aqueles cujas conversações póstumas freqüentemente ocupavam as noites em Sonnac, estavam Hillaire, pai do médium, e Jean Bonnet, pai do Sr. Berthelot. Suas comunicações tinham, há muito tempo, deitado bálsamo no coração daqueles que os conheceram, quando, em 7 de abril de 1863, eles prometeram dar a seus amigos encarnados uma espécie de escrita direta. "Escrevam — disseram eles — questões em uma folha de papel, coloquem a folha e um lápis sobre uma mesa, no quarto de Hillaire, e nós escreveremos nós mesmos as respostas, sem a ajuda de nenhum médium". A data de 9 de abril foi fixada pelos Espíritos para marcar esse fenômeno admirável.

Os Espíritos foram atendidos, mas, o papel ficou intacto; em vão foi deixado por dois dias, três, sobre a mesa designada, e a resposta não chegou. Foi grande a emoção dos membros do pequeno grupo, que já acreditavam numa mistificação. Eles se reuniram em 12 de abril e perguntaram a seus bons guias por que eles não haviam mantido sua promessa. Eis a resposta, que transcrevo textualmente; meus leitores, se eles compreenderam minhas reflexões de há pouco, bem quererão ser indulgentes quanto à forma e julgar a sabedoria nela contida.

"Meus caros filhos, que isso lhes sirva de exemplo, pois nós pecamos ao anunciar aquilo de que nós mesmos não estávamos seguros de poder manter; mas, no entanto, Deus não nos castiga por isso; só que Ele nos faz ver, e também a vocês, que nunca devemos dizer 'eu farei'; pois acontece-nos, com freqüência, sermos obrigados a dizer: 'Ficarei contente de fazer esta ou aquela coisa', e, com freqüência, acontece de sermos obrigados a pedir perdão a Deus, pois nossos desejos só são satisfeitos quando Ele o quer.

"Assim, pois, somos obrigados a rezar para Deus, que é tão bom de nos perdoar o pecado que cometemos, dizendo-lhe que vocês deveriam apenas pôr uma pergunta sobre a mesa de Hillaire. Nós estamos felizes em poder fazer vocês conhecerem nosso desejo de fazê-los assistir a uma das mais belas experiências. Ela é bela, de fato, e quem faz a vontade de Deus fica seguro de obtê-la; mas, para isso, é preciso rezar para Deus, todos juntos, pois, nós dois nos precipitamos muito dizendo-lhes para pôr uma pergunta sobre a mesa, que assim vocês teriam a resposta. Mas, não se impacientem; Deus conceder-nos-á essa graça, porque é bom. Rezem todos juntos e verão que ficarão contentes com os resultados que obterão. Aproveitem isso; sejam francos, caros filhos, e nós também; seu pai Bonnet recomenda isso, pois está bem aborrecido e punido, já que vocês não tiveram satisfeito vosso grande desejo; mas Deus nos permitirá realizá-lo, caros filhos.

Hillaire, Bonnet."

Essa comunicação foi admiravelmente bem compreendida pelos membros do pequeno grupo. A dúvida que, por um instante, batera às portas de seus corações dissipou-se de imediato; eles viram claramente que podiam esperar ainda a realização do fenômeno anunciado; mas, persuadidos de que não era permitido a seus Espíritos amigos agirem sem a vontade dos Espíritos mais superiores, eles rogaram ardentemente a Deus para que permitisse a uns e outros escreverem uma resposta, nem que fosse uma palavra, às perguntas que lhes foram feitas.

Vários dias tinham passado sem resultado algum, quando Hillaire percebeu que o papel havia sido mudado de lugar e que o lápis fora erguido de cima do papel e posto de lado. Uma pergunta explicativa foi feita aos Espíritos familiares:

"Meu filho, fui eu, responde o pai de Hillaire, quem ergueu o lápis, e Bonnet mudou o papel de lugar. Isso é tudo que nos foi permitido fazer no momento. Pedimos sempre a Deus para que nos conceda a graça de manter a promessa que nós fizemos.

"Nós pudemos dar ainda outra prova de nossa ação sobre os objetos materiais: olhe em seu armário e você verá sua garrafa de aguardente que estava atrás do frasco, colocada agora na frente. Que isso lhe dê coragem; reze sempre a Deus com fervor, e Ele nos permitirá fazer outros progressos; ele é tão bom para aqueles que fazem a Sua vontade!

"Não creiam, caros filhos, que possamos fazer tudo isso sem sua ajuda; somos obrigados a nos servir de vosso fluido para mudar os objetos de lugar. Portanto, é necessário que vocês se recolham e rezem do fundo do coração, é todo o trabalho que vocês têm de fazer; e basta isso para obter outros milagres; mas não se glorifiquem nunca, pois isso só os impedirá de chegar a bons resultados.

Hillaire, Bonnet."

Como se vê, as respostas desses dois Espíritos encerram sempre excelentes conselhos.

Assim que essa comunicação foi obtida, correram até o armário e perceberam, com uma admiração bem alegre, que a alteração indicada era real.

Mais do que nunca, esperaram; mais do que nunca, também rezaram a Deus com fervor para que permitisse aos Espíritos cumprirem sua primeira promessa. Entretanto, vários dias se passaram ainda sem nenhum resultado; começavam a crer que o fenômeno da escrita direta, aliás, extremamente raro, não poderia acontecer, seja porque os Espíritos não encontraram bastante fluido para conseguir produzi-lo, seja porque esse, emanando dos médiuns que residiam na aldeia não fosse da qualidade desejada; já estavam habituados a não mais contar com isso, quando, uma noite, Hillaire, deitado havia um momento, ouviu um arranhar surdo partir da mesa sobre a qual estava o papel. Ele ergueu-se precipitadamente, acendeu a vela, aproximou-se da mesa e viu estas palavras escritas a lápis no verso do papel:

"Adeus, terna família, que não nos esqueçam; eu abraço-os todos, e por sua família, que é parte de mim; abrace meu Amado[4] que tudo fez para falar-me.

Vosso pai,

Bonnet."[5]

Do outro lado e sob uma das questões, essa escrita pela mão de Gustave Berthelot, neto do Espírito, lia-se esta única palavra: "Sim".

O dia ainda não amanhecera e Hillaire, todo feliz, ia levar à família o papel tão precioso. Compararam a escrita com a das cartas que o Espírito escrevera em vida, ela era extremamente parecida, assim como a assinatura e o parágrafo que a encerrava.

A sensação produzida por essa manifestação por tanto tempo esperada foi imensa. Não se podia negar, sobretudo, a perfeita conformidade da escrita. Hillaire, aos olhos de muitas pessoas, foi mais do que um louco; tornou-se um bruxo.

---

4. O espírito designa assim um de seus filhos.
5. Conservei aqui as mesmas palavras e a ortografia da frase escrita pelos Espíritos.

IV

Novas visões – Sono extático

Eram os primeiros dias de maio, o sol brilhava em todo seu esplendor e espalhava sua doce e vivificante luz; tudo, na natureza, vestida de festa, parecia sorrir e reconhecer os benefícios do Todo-Poderoso em um alegre murmúrio, um frêmito de alegria, santo cântico de amor e de reconhecimento, silencioso concerto de uma brisa perfumada em direção ao céu; Hillaire e Berthelot andavam lado a lado pela estrada que liga Sonnac à sede do subdistrito. Eles falavam de coisas diversas quando, de repente, Hillaire disse a seu amigo: "Apressemos o passo para alcançarmos aquele homem que caminha lá adiante, à nossa frente" — "Que homem?", respondeu Berthelot. Hillaire designou um ponto da estrada onde seu amigo nada via. Avançaram. Hillaire chamou o desconhecido, que se deteve um instante, depois recomeçou sua caminhada, sempre invisível para Berthelot. Um colóquio muito animado começou entre os dois companheiros de estrada. Hillaire, um pouco contrariado com a certeza com a qual seu amigo afirmava nada ver, quis avançar na perseguição do desconhecido, mas não tardou a reconhecer que, apesar de todos os seus esforços, a distância entre eles era sempre a mesma. Só então ele se lembrou das visões que haviam preenchido sua infância e das quais, após cerca de dez anos, não mais cogitara; ele reconheceu que era um Espírito. Berthelot pediu-lhe que fizesse sinal e ele, sem vacilar, descreveu a figura, a altura, a roupa de Jean Bonnet, aquele que, alguns dias antes, produzira a escrita direta.

Um fato muito importante que atingiu ainda mais o Sr. Berthelot, e disso estava inteiramente certo, é que Hillaire jamais conhecera o Sr. Bonnet, pois esse não morou, em vida, na mesma comuna que seu genro. Certas roupas, no entanto, passaram à filha de Bonnet quando da partilha que se seguiu à morte de seu pai e foram conservadas preciosamente, como uma lembrança de família. Foi vestido com essas roupas que o Espírito se tornou visível para Hillaire.

Essa visão, a primeira desde que Hillaire se tornara espírita, durou muito tempo; ela foi seguida de muitas outras, o que seria impossível registrar aqui. Durante vários meses, não houve sequer um dia sem que algum espírito se mostrasse a Hillaire, e isso sem nenhuma evocação. Esses Espíritos apareciam mais freqüentemente ao lado das pessoas para as quais eles desejariam se manifestar; o vidente fazia sua descrição, a qual era sempre reconhecida como exata, depois o Espírito queria dizer alguma coisa a um ou a vários dos assistentes, sacudia vivamente a mão direita do médium, que pegava imediatamente papel e lápis e, mecanicamente, escrevia sob impulso do Espírito.

Essas manifestações repetidas perturbaram profundamente os endurecidos corações dos aldeões; num piscar de olhos o grupo de crentes triplicou. A semente espírita germinou com uma rapidez espantosa; ela penetrou também as aldeias vizinhas, nas quais vários habitantes tiveram a felicidade de assistir a algumas das sessões tão interessantes. Briou, Les Vignes, Chaillaud, Brissonneau, etc. logo contavam com espíritas e, devemos acrescentar, para honra dos novos convertidos, assim que um fato extraordinário os havia atingido, eles obtinham os sublimes livros ditados pelos Espíritos ao Sr. Kardec; eles procuravam sobretudo convencer-se da bondade, da realidade de todos esses fenômenos, estudando com cuidado a doutrina admirável que demonstra, tão logicamente, tão matematicamente, sua possibilidade, sua necessidade, além de sua antiguidade e de sua universalidade.

Hillaire, no entanto, não estava inteiramente satisfeito. Ele desejava ver seus familiares que, despojados de seu invólucro mortal, tinham feito sua entrada no reino dos Espíritos. Seu pai, sobretudo, de cuja incredulidade o leitor se lembra, a respeito das visões de seu filho e das numerosas admoestações que outrora lhe dirigira; seu pai, diziam crentes e incrédulos, deveria ter se mostrado a ele para lhe confirmar pessoalmente a realidade das visões presentes e das visões passadas. Isso, diziam-se os incrédulos e os crentes. Hillaire também se dizia no fundo de sua alma, mas seu pai não se manifestava.

Um dia, a 20 de maio, creio eu, Hillaire cavava sua vinha e repassava dentro de si os eventos tão importantes que, há apenas três meses, produziram-se diante dele; o calor era escaldante, a atmosfera carregada de eletricidade. Cansado, ele deixara sua ferramenta e se sentara no chão para repousar um instante, quando uma pedrada retiniu no ferro de sua enxada e veio arrancá-lo do devaneio no qual ele mergulhara; ergueu a cabeça, espantado, olhou para todos os lados e, nada vendo, retomou sua primeira posição. Outra pedrada, mais violenta do que a primeira, bateu em sua orelha; ele se levantou: tudo ao redor dele era silencioso e deserto. O céu, no entanto, cobria-se de nuvens; ao longe, o trovão rugia, uma tempestade era iminente; Hillaire voltou à sua casa onde contou o que acabara de lhe acontecer.

No dia seguinte, mal Hillaire chegara ao trabalho abandonado na véspera, virando-se, percebeu seu pai vir sorrindo em sua direção; viu-o de imediato abaixar-se, pegar uma pedra e, mantendo-a na mão, bater várias vezes na enxada, para fazê-lo compreender que era ele que se manifestara na véspera. Um longo colóquio estabeleceu-se entre pai e filho, entre o Espírito livre e o Espírito encarnado; este falava em voz alta, como se seu interlocutor fosse verdadeiramente de carne osso e parecia-lhe ouvir seu pai responder-lhe no mesmo tom. O Espírito explicou-lhe que também estava em seu poder, por combinação dos fluidos dos quais se compõem todos os corpos que nos cercam com um fluido especial que emana do corpo dos médiuns, como os Espíritos, que podem produzir efeitos materiais, fazer uma mão se mover, um lápis, uma pena, uma mesa, um móvel, um objeto qualquer e, assim, comunicar-se com os encarnados; que sempre, pela combinação dos mesmos elementos, eles podem tornar-se visíveis, ponderáveis, tangíveis, cobrirem-se aparentemente de roupas semelhantes àquelas que tinham por hábito levar quando sobre a Terra, imitarem o som de sua voz e até, em casos bem raros, manifestarem-se visivelmente a todo mundo. Nessa longa e interessante conversa, falou-se das visões da infância; o pai lastimou sua incredulidade, confessou seus erros e pediu perdão ao filho, depois deu bons conselhos e o fez prometer a seguir sempre o caminho da virtude. Deixou-o, enfim, apertando-lhe a mão com força e prometendo-lhe velar sempre por ele e inspirá-lo incessantemente. Hillaire viu-o distanciar-se, assumir pouco a pouco uma forma vaporosa, depois desaparecer inteiramente.

No dia seguinte, Hillaire recebeu a visita de dois antigos camaradas de farras, Godet e François Begeon, de Touches que, tendo ouvido falar das coisas extraordinárias que ele fazia, vieram pedir, como amigos, que lhes mostrasse alguns pequenos milagres. Hillaire, sabendo o quanto eles estavam interessados no Espiritismo, conhecendo seu caráter leviano, sua incredulidade e sua completa indiferença por tudo aquilo que, de perto ou de longe, tocasse o espiritualismo, recusou até conversar com eles e, pegando um cesto, foi colher cerejas; mal chegou sob a árvore, ouviu a voz bem conhecida de seu pai que lhe disse: "Você sabe o que eles pensam sobre a sua atitude a respeito de seu parente B...? Desça e escreva." Ele desceu e escreveu sobre uma pedra com a ponta de sua faca: "Eles dizem que você fez um pacto com o demônio e que, em menos de três meses, estará liquidado".

Hillaire sobe na cerejeira novamente e continua a colheita. De volta ao vilarejo, ele encontra seu vizinho B..., que lhe conta que seus dois antigos amigos estão enfurecidos com ele. "Acredite, respondeu o médium, é preciso tentar dissuadir as pessoas que alegam que eu fiz um pacto com o diabo e que em três meses estarei liquidado". "Como você sabe disso?", perguntou o outro, surpreso. Hillaire então conta tudo o que tinha acabado de lhe acontecer e mostra ao vizinho a comunicação de seu pai, escrita sobre a pedra. B..., cada vez mais surpreso, reconhece as evidências, mas ele mesmo tende a acreditar no demonismo, e o mal-entendido não se resolve naquele momento.

Cerca de um mês depois, uma nova faculdade revela-se em nosso médium:

Durante uma sessão em que um espírito infeliz e maldoso, cuja manifestação deixou o médium extremamente cansado, Hillaire sente agir sobre ele uma força irresistível que parecia quer fazê-lo dormir. Apesar de muito esforço, não conseguiu vencer essa influência e caiu em sono profundo no meio de todos os que assistiam à sessão que, embora pouco experientes e sem ter assistido a nenhum fenômeno parecido, ficaram muito espantados e acreditavam que o Espírito mau, descrito pelo médium, tinha-o colocado naquele estado a fim de lhe fazer mal. Depois de alguns minutos de muita ansiedade, viram Hillaire levantar-se, embora ainda estivesse dormindo, falar com o Espírito de seu pai — que ele parecia ver, e que ele via, devo dizer, perto dele, à sua direita.

"Para onde esse espírito me conduz, meu bom pai?, dizia ele, por que ele atravessa o espaço assim tão rapidamente?" E, repetindo para si mesmo a resposta de seu pai, ele dizia: "É o Espírito de P... (o Espírito mau) que a vontade de Deus obriga a retomar o lugar de seus sofrimentos e nós o seguiremos, meu filho; logo chegaremos com ele."

Depois de alguns minutos de silêncio, ele fez a descrição de um país onde tudo lhe era desconhecido; lá, ele via, no meio da escuridão profunda, uma multiplicidade incalculável de Espíritos com aspecto, ao mesmo tempo, sinistro e infeliz; a cena aos poucos parecia se iluminar e, logo depois, ele viu as chamas ardentes envolverem os infelizes e torturá-los sem piedade. Seu rosto contraído expressava uma mistura de horror e pena, impossíveis de descrever; ele se voltou em direção ao seu pai[6] e lhe perguntou com uma voz completamente trêmula e emocionada:

"O inferno é aqui, meu bom pai? Ele existe realmente com essas chamas com que nós o representamos, e onde os maus devem perecer eternamente?"

E, depois, ele acrescenta:

"Não, meu filho, o Inferno não existe como nós o representamos; essas chamas ardentes que você vê são a luz inextinguível da verdade que ilumina os vícios dos homens, e penetra sem piedade os remorsos deles, até o fundo de seus corações. Mas, quando, enfim, eles os reconhecerem e repararam suas faltas e implorarem sinceramente o perdão a Deus, esse Deus cheio de misericórdia escuta-os e liberta-os.

"Oh, bom pai, quem é esse belo anjo que se deslumbra? Por que Deus permite que o bom esteja junto com o mau?"

"Esse anjo que você vê é um Espírito feliz, que passeia no meio dos maldosos para lhes inspirar idéias de arrependimento, a fim de que eles consigam abrandar seus sofrimentos."

Mas, de repente, o anjo voa em direção a uma esfera mais feliz; Hillaire e seu pai seguem seu vôo e logo alcançam um lugar completamente diferente, a julgar pelas exclamações de surpresa de Hillaire. Seu rosto ilumina-se de bondade; a alegria reflete-se em todos os

---

6. Cada vez que Hillaire faz perguntas a seu pai, ele se volta para a sua direita.

seus traços: tudo o que ele via era admirável e ele tudo admirava. Os homens que habitavam o lugar encantado iam sendo percebidos por ele com um interesse cada vez maior. Aqui, algumas palavras que pudemos anotar entre aquelas que compunham um longo diálogo entre ele e seu pai; elas referem-se aos espíritos encarnados sobre esse planeta feliz:

— Por que esses habitantes, que são tão etéreos que chegam a parecer gaze, estão todos vestidos do mesmo modo?

— Porque é um lugar onde habitam os Espíritos que chegaram ao mesmo grau de perfeição e que reúnem as mesmas qualidades e as mesmas intenções para o bem, e são iguais perante Deus.

— Eles trabalham como nós?... Eles produzem o pão que comem?...

— Não. Esses bons espíritos ocupam-se apenas de seu aperfeiçoamento espiritual e não precisam, portanto, trabalhar materialmente. O solo sobre o qual eles habitam produz em abundância e quase sem cultivo tudo o que é necessário à manutenção de seus invólucros materiais que, assim como você os vê, são tão etéreos que chegam a ser inteiramente fluidos; a agricultura é feita pelos animais que aqui habitam, os quais também possuem um grau de perfeição bem mais elevado do que aquele dos animais terrestres. Os espíritos, portanto, não se ocupam com nada além de seu aperfeiçoamento espiritual e com tudo o que se refere à utilidade geral.

— De que eles se alimentam? Deus permite-me ver a comida deles?

Logo em seguida, uma multiplicidade enorme de Espíritos apresenta-se a Hillaire, que os vê, sentados em torno de uma mesa cheia de pratos que eles comem.

— O que são esses pratos? — pergunta ele. Não posso escrever seus nomes para que eu possa me lembrar deles?

— Não, Deus não lhe permite isso.[7]

---

7. Essa exposição pode parecer muito ingênua a muitos leitores.

"Mas, dirão eles, nada de mais comum do que os fatos desse tipo, e cada um de nós já fez várias viagens parecidas com essa, logo que mergulhamos profundamente nos braços de Morfeu. Tudo isso não passa de um sonho que você nos conta, com a única diferença que nosso médium sonha em voz alta e acompanhado, em vez de sonhar sozinho em sua cama."

Eu admito sua razão, leitor; mas esse sonho e todos aqueles de que ele se lembra, como você os explica? Não são reais? Você mesmo, como a alma de Hi-

Hillaire retorna de seu vôo e chega à Terra. Ele vê, então, um outro Espírito que descreve depois de pedir água com vinagre. Trazem-lhe um copo. Ele bebe o conteúdo e acorda surpreso. Mas sua surpresa é ainda maior quando lhe contam as maravilhas que ele acabara de descrever.

llaire, desfrutando da liberdade que lhe oferece o sono, não pode viajar aos lugares inferiores e superiores ou ter sensações que lhe são desconhecidas no estado de vigília? Você não vivencia isso com freqüência? E, se você tivesse em seu quarto, em volta da sua cama, pessoas que pudessem anotar suas palavras, não encontraria você uma prova manifesta da dupla essência da qual você é formado? A essência espiritual e a essência corporal; esta última aprisiona a primeira, mas a essência espiritual sempre reconquista sua liberdade e percorre com prazer o espaço onde existem milhares de mundos desconhecidos; você não verifica isso ao transmitir todas as suas impressões à essência corporal, aquela a que ela está unida por uma ligação fluida que apenas a morte pode trazer e que os Espíritos chamam de perispírito?

V

Viagem a Saint-Jean-d'Angély
Dhionnet — O lápis milagroso

Haviam pedido a Hillaire que assistisse a uma reunião da Sociedade Espírita de Saint-Jean-d'Angély, e para lá ele foi alguns dias depois dos fenômenos que acabo de relatar; também lá teve a felicidade de ver vários Espíritos e de descrevê-los com muita lucidez. A ata dessa reunião foi encaminhada à Comunidade Espírita de Bordeaux pelo Senhor A. Chaigneau, médico e presidente da Sociedade. Eu a reproduzo aqui exatamente como ela foi publicada na quarta edição desse jornal, na segunda quinzena de julho de 1863:

"Hillaire é um simples trabalhador rural. Tem entre 25 e 26 anos de idade[8], pele corada e estatura mediana. Ele tem um jeito tímido, um olhar franco e leal e uma expressão mais triste do que alegre.

"Ainda que sua instrução fosse limitada a ler e escrever, ele nos pareceu inteligente. Tínhamos ouvido falar dele e desejávamos ardentemente ter a honra de um encontro com ele. A nosso pedido, ele aceitou fazer a viagem a Saint-Jean-d'Angély.

"Antes de ser apresentado à nossa Sociedade, tive um encontro com ele, em particular, na presença de seus amigos. Nunca tínhamos nos visto antes e nenhum dos presentes havia conhecido meu pai, falecido há vários anos. Após invocação, Hillaire viu-o; descreveu-me seus cabelos, sua altura, seu terno costumeiro. Viu, numa das faces, um sinal particular que ele descreveu perfeitamente: uma pequena saliência do tamanho de uma ervilha. E acrescentou espontaneamente: 'Eu vejo perto dele uma bela moça; ela é loira, seus cabelos são cacheados, seus traços são finos, ela é muito agradável'. Esta segunda identificação foi para mim a confirmação da faculdade que nos haviam relatado. Fiquei, confesso, particularmente emocionado[9].

Duas horas mais tarde, toda a Sociedade estava reunida e Hillaire estava no meio de todos nós. Ele disse: 'Estou vendo essa ou aquela forma'; mas, por falta de hábito ou de experiência, ele entrou em detalhes descritivos somente a partir das perguntas que lhe eram feitas. Devo, então, para que vocês possam julgar, traçar um quadro o mais exato possível. Vou relatar-lhes como tudo ocorreu.

"Evocação de um espírito errante há trinta anos

P. – Você está vendo o espírito evocado?
R. – Vejo, ao seu lado, um homem grande, muito idoso. Ele tem mais de setenta anos. — *(Nota: Ele tinha setenta anos.)*
P. – Qual é a expressão da sua fisionomia?
R. – Ele faz boa figura, está bem.
P. – Descreva-nos o rosto dele.
R. – Ele tem as maçãs do rosto bem salientes, as faces magras.
P. – Seus olhos têm algo em particular?
R. – Não estou vendo.
P. – Estou falando da forma.
R. – São bem fundos.

(Nota: Estas últimas respostas fazem uma descrição exata dos traços comuns do evocado, ainda que elas não pareçam concordar perfeitamente com a vaga resposta dada à segunda pergunta "ele faz boa figura", considerada um pouco vaga pelo próprio médium.)

P. – Qual é a forma e a cor das roupas que ele usa?
R. – Ele veste uma casaca cinza e uma gravata branca.

(Nota: Esta indumentária é histórica.)

P. – Você vê suas pernas de cima a baixo?
R. – Eu as vejo perfeitamente.

---

8. Nota do autor: aqui há um erro. Nessa época, Hillaire tinha por volta de 28 anos.
9. Nota da redação. O Espírito da moça que foi visto espontaneamente por Hillaire é o de uma filha adotiva do Senhor Chaigneau, falecida, então, recentemente, cuja existência era inteiramente desconhecida de todas as pessoas presentes no encontro.

P. – Está vendo os pés?
R. – Estou vendo apenas um, este senhor deve ser estropiado.
P. – Pode ver distintamente este pé?
R. – Eu o vejo perfeitamente. O outro, o pé direito, está escondido; mas é um pé manco, um pé redondo, que está sob o outro.

"O evocado havia sido amputado na coxa direita; sua calça recobria a perna de madeira até sua parte inferior, onde ela tinha uma forma redonda bastante volumosa. Todos os que o viram se lembram perfeitamente que sempre quando ele ficava parado seu pé direito cruzava a extremidade do membro artificial.

"Hillaire via ao mesmo tempo outros Espíritos sobre os quais fazíamos perguntas, mas não os conhecíamos ou não tínhamos lembranças muito precisas.

"A sessão ia terminar. Evocamos São Bernardo, rogando para que nos desse, por meio de um médium escritor (Senhora Guérin), a apreciação do que acabara de acontecer.

"Neste momento, vários membros passaram para um aposento ao lado, deixando a porta de comunicação entreaberta. Eu estava, com outra pessoa, sentado sobre a mesa na qual a médium escrevia. Hillaire estava um pouco mais longe. Nós o vimos olhar de repente em direção à médium, agitar-se com estranhamento, levantar-se bruscamente e passar para o aposento ao lado. Nós pudemos, Sr. e eu, notar que, em certo momento, a maneira de escrever da médium havia tomado um jeito que não lhe era característico. A Senhora Guérin, depois de ter assinado, disse-nos, deixando cair o lápis: 'Esta última página, ao contrário das outras, eu escrevi de modo mecânico'.

"Então, Hillaire dizia para aqueles que tinham se dirigido a ele: 'Estou vendo, ao lado da médium, um Espírito como eu nunca havia visto antes. Mas como? Não o estão vendo? Como ele é belo! Que bela figura! Está vestindo uma longa túnica branca, sua barba é escura, um pouco ruiva. E um grande chapéu de juiz sobre a cabeça deixa ver cabelos que coroam sua testa... Ah! Vejam... nesse momento, ele toma a mão da médium; é ele quem a faz escrever... ele coloca a mão dele sobre a testa dela".

P. – Está vendo algo sobre o peito dele?
R. – Ele tem uma cruz amarela.

"Isto ocorreu no momento em que a médium assinalava que a imposição da mão ocorreu, como uma benção."

"Tudo isso se passava em silêncio. Reunimo-nos para ouvir a leitura da comunicação e, somente então, pudemos conhecer, reciprocamente, o que cada um de nós havia visto ou ouvido.

"Aí está, meus amigos, tudo o que nós colhemos da visita de um médium-vidente. Devo acrescentar que nenhum de nós colocou em dúvida a faculdade de que ele nos deu tantas provas. Hillaire deu-nos a esperança de novas visitas..."

"A. Chaigneau."

Alguns dias depois, em 26 de julho de 1863, quando estava numa reunião em Sonnac em que assistia o prefeito, Hillaire não tardou a ser tomado pelo sono magnético que lhe era familiar desde o dia em que sua alma, assim que desdobrada, ia viajar no espaço.

Nesse estado, ele percebeu um espírito complemente ensangüentado. Essa visão horrorizava-o e ele rezou ardentemente a Deus e aos bons Espíritos para que o livrassem dela. Mesmo assim, continuava vendo o sangue escorrer em abundância e, como essa lúgubre manifestação persistia em se apresentar à sua visão, ele dirigiu-se aos seus guias e pediu-lhes com ar espantado:

— Por que esse espírito se apresenta assim diante de mim?[10]

— Ele quer me falar, está me dizendo?

— E então por que todo esse sangue, caro Espírito? Por que ele escorre com tanta abundância?

— Como? O que está dizendo?... para me servir de exemplo!... E como então?

— Você foi assassinado!... Oh! Não minta, Espírito!... Se estiver mentindo, eu o rejeitarei e Deus o castigará!

Ele escreveu: "Não".

— Não está mentindo!... — E onde então foi assassinado?

---

10. Ainda aqui, conservei religiosamente o texto nas mesmas palavras colhidas. Uma observação, no entanto, é necessária para a coerência dessa narrativa: Hillaire, quando está mergulhado no sono magnético extático, não somente vê os Espíritos, mas os ouve e conversa com eles. Ele pronuncia em voz alta as perguntas que faz e, às vezes, também as respostas, o que leva a uma repetição inevitável de palavras, motivo pelo qual peço a compreensão dos leitores.

— Na minha terra!....
— Está mentindo, Espírito, está mentindo!.... Nunca coisa igual aconteceu na minha casa.
Ele escreveu novamente: "Não".
— Não está mentindo!... Mas está dizendo: Na tua terra... na minha cidade?
— Oh, eu entendo! E onde, então, na minha cidade?
— Em Brissonneau.
— Qual é o seu nome, Espírito?
Ele escreveu: "Dhionnet".
— O que fazia?
— Era comerciante...
— O que vendia?
— Rendas.
— De onde vinha?
— Havia dormido em Vignes, é o que está dizendo?
— Oh! Les Vignes, eu conheço esse lugar, é minha terra. Eu encontrarei um meio de justificar o que está me dizendo, Espírito, e Deus o punirá se estiver contando uma mentira...
— E onde dormiu em Vignes?
— Na casa de Pignon...
— Pignon! Eu não conheço nenhum Pignon em Vignes.
— Oh! Está dizendo que isto aconteceu há muito tempo!...
— E em que ano então?
Ele escreveu: "Em 1708".
— Contar-me-á quem o assassinou?
— Sim...
— E quem foi então?
— Um certo Lambert.
— Gostaria de me dizer também onde morava esse Lambert?
— Não, isto é proibido.
— Ele estava só?
— Não, havia ainda mais quatro.
— Quais eram seus nomes, Espírito?
— Moinet e Roumeau.
— E as duas outras pessoas?
— Eu não posso dizer quem são.
— E por que não, se já indicou os dois primeiros?

— Deus me impede de fazê-lo, suas famílias ainda existem.[11]
— As famílias dos primeiros ainda existem?
— Não, elas se extinguiram há muito tempo.
— De onde você era, Espírito?
— De Clermont-Ferrant.
— Para onde ia?
— Fazer compras.
— Trazia muito dinheiro consigo?
Ele escreveu: "5.000 francos".
— Como foi assassinado?
— Roumeau o pegou pelo pescoço e o atingiu, está dizendo!
— Oh, malvado! Deus o castigará.
— Eles o esperavam?
— Não, eles saíram comigo como se fossem me acompanhar.
— Com o que Roumeau o atingiu?
— Com um punhal com uma lâmina de 14 centímetros.
— Então foi ele sozinho que cometeu esse crime?
— Sim, mas os outros tomavam conta do caminho.
— Onde o deixaram em seguida?
— À beira de um rio, está dizendo! Cavaram um buraco e aí o deixaram!
— Quem fez o buraco?
— Roumeau. Os outros tomavam conta do caminho.
— Eles não foram punidos?
— Não, o crime nunca veio à tona. A justiça dos homens não os puniu.

O Espírito, então, desapareceu, e, logo depois, Hillaire acordou.

Essa manifestação singular impressionara vivamente os assistentes. Mas quem ficou mais impressionado foi o Senhor Vincent, prefeito de Sonnac, que morava em Brissonneau. Tentando controlar sua emoção, ele contou à Sociedade reunida que há algum tempo, tendo feito escavações num terreno arenoso situado a alguns metros de sua moradia, os trabalhadores haviam encontrado a uma

---

11. Nós percebemos que os Espíritos dizem o que eles querem, não o que gostaríamos de fazê-los dizer. Muitas vezes, eles são governados por uma vontade superior que os detém em suas revelações, sobretudo quando sua natureza pode prejudicar alguém.

profundidade de aproximadamente três pés (cerca de 90 centímetros) dois cadáveres, dentre os quais um bastante grande e parecendo ser o de um homem; tinha entre duas costelas uma lâmina de faca corroída pela ferrugem, o que lhe dava a certeza de que um assassinato ocorrera. As ossadas, cuidadosamente recolhidas, haviam sido depositadas, por seus cuidados, no cemitério da paróquia. O prefeito não tinha nenhuma dúvida de que o espírito que acabara de se manifestar era o de uma das duas vítimas.

De resto, ele acrescentou, o local onde os cadáveres foram encontrados situa-se perto do leito de um riacho e essas paragens, hoje recobertas de vinhas e de pastos, eram há não muito tempo forradas de densas florestas que atravessavam a estrada entre Vignes e Jarnac.

A certeza foi ainda maior quando se descobriu nos registros da comuna de Sonnac o nome dos indivíduos designados pelo Espírito e que ninguém conhecia na região. O registro desses nomes se perdeu por volta de cinqüenta anos depois da data designada como sendo a do assassinato de Dhionnet.

Desde essa época, o Senhor Vincent ficou fortemente convencido da realidade do Espiritismo e da lucidez do médium Hillaire. Ele teve grande prazer em assistir às sessões e até quis realizar algumas em sua casa. Hillaire, sempre agindo como um instrumento dedicado, lá esteve várias vezes atendendo a seus pedidos. E Brissonneau foi testemunha de inúmeras manifestações que trouxeram com elas a felicidade para o coração de seus habitantes.

A faculdade de Hillaire, de resto, desenvolvia-se cada vez mais. Em uma reunião ocorrida em 15 de agosto, em Briou, na casa da família Vitet, cujo sobrenome, um dos mais honrados da região, será várias vezes retomado no decorrer dessa história, Hillaire obteve um fenômeno novo e dos mais concludentes. Vários Espíritos já haviam se manifestado, quando um lápis foi arrancado das mãos de Hillaire e, sem que houvesse qualquer movimento de sua parte, jogado num canto do vasto aposento onde nos havíamos reunido. A senhora Vitet apressou-se para apanhá-lo, mas todos os assistentes viram então o lápis levantar-se por si só, atravessar o espaço, suspenso por uma mão invisível, outra que não a de Hillaire, e voltar novamente entre os dedos do médium, que continuou a comunicação começada.

Tomados de admiração e de felicidade, todos os presentes se puseram de joelhos e, com profunda emoção, agradeceram a Deus por lhes permitir ver tais prodígios, a fim de arrancar a dúvida e o egoísmo que preenchiam seus corações.

Há numerosos adversários da sublime doutrina ditada pelos Espíritos, que atribuem todas as manifestações unicamente ao poder do príncipe das trevas. O âmbito restrito no qual devo me expressar não me permite refutar suas assertivas, que não suportariam a mais superficial das análises sem desaparecer como desaparecem as folhas quando os ventos sopram em fúria, nos solstícios de inverno. Eu não posso, portanto, registrar o fato que acabamos de ler, sem fazer reparar que, se foi o Diabo que o produziu, ele não fez prova de grande sagacidade, já que ele, o grande tentador do gênero humano, somente conseguiu levar de volta a Deus homens que nele quase não acreditavam e que, por conseguinte, teriam inevitavelmente se tornado um dia suas presas. Mas, talvez digam, o anjo das trevas transforma-se muitas vezes em anjo de luz a fim de melhor seduzir as pobres criaturas que Deus deixa expostas aos seus infames artifícios, às suas armadilhas enganosas. Ele semeia, assim, a verdade, para colher o erro. Se ele abre a prisão cujo ar impuro e rarefeito atrofia os cativos, se ele lhes dá o ar livre e a liberdade que lhes proporciona o vigor e a felicidade, é para recuperá-los mais adiante e dar-se o prazer de aprisioná-los novamente, etc., etc. Seremos obrigados a admitir, esses argumentos são pálidos e o Diabo não é tão esperto, tão maquiavélico quanto quiseram nos transmitir. Por que estaria ele tão certo de reaver todos os que ele deixou ir rumo ao Eterno? E Deus, fonte de toda bondade e de toda justiça, não estenderá Ele uma mão para socorrer esses desafortunados que a Ele retornaram? E não poderá Ele desfazer os cálculos de seu eterno inimigo? Terei a oportunidade de falar em outra ocasião sobre o demonismo e de seus participantes; então, por enquanto, eu prossigo minha narrativa.

VI

Senhor Home
Provas – Lições dadas pelos Espíritos

No decorrer do mês de agosto, a curiosa e instrutiva obra de Daniel Home[12] havia chegado a Sonnac, e os membros do grupo espírita haviam-na lido com um prazer inefável. Talvez somente Hillaire tenha feito algumas objeções; ele rejeitara como absurdas, como impossíveis, algumas das manifestações tão extraordinárias que preencheram a vida do célebre médium americano, desse bruxo, que já teriam mandado cem vezes para a fogueira se pudessem voltar no tempo cem ou duzentos anos mas que se contentou em expulsar da Cidade Eterna, cuja santidade era perturbada, afirma-se, pela sua presença. Entre os fatos que Hillaire tratava por fábulas inventadas para o divertimento dos leitores, é preciso citar, em primeiro lugar, o seqüestro, pelos Espíritos, do corpo do senhor Home e seus passeios aéreos sobre seus assistentes. Nosso incrédulo fundamentava seu raciocínio sobre esta circunstância que todos os espíritas foram obrigados a perceber, deplorando-a, em benefício do fenômeno: a necessidade de uma escuridão quase completa. Algumas conversas muito animadas se levantaram a esse propósito e por um instante pareciam querer dividir o público em dois campos bem distintos. Mas os Espíritos encarregaram-se de desmentir veementemente as opiniões de Hillaire e, frente à autoridade incontestável, todos se curvaram.

---

12. *Revelações sobre uma vida sobrenatural*, por D. D. Home

Por volta do fim do mês de agosto, estando Hillaire em Brissonneau, ele havia encontrado alguns espíritas, adeptos declarados do Senhor Home e de seu livro. Começou, então, uma viva discussão a esse respeito e, como de costume, as pessoas foram-se sem que se chegasse a um entendimento.

Ele partiu em seguida para retornar a Sonnac e, durante o trajeto, não pôde parar de pensar nesses fenômenos estranhos que pareciam derrubar todas as leis da física. Logo, ele se sentiu tomado pouco a pouco por uma emoção violenta que não pôde dominar. Quando, finalmente, no seu local de destino, nos campos de Sonnac, ele percebeu que seus pés haviam deixado o solo e que ele estava sendo lentamente, é verdade, mas irresistivelmente, levantado do chão. Um medo, e um medo muito forte, foi, no princípio, o único sentimento que ele experimentou. Mas, antes que pudesse se dar conta de sua situação, ele foi levado para cima de uma árvore, à qual se agarrou com todas as forças com a mão direita. Mas ele não pôde se segurar; o poder invisível que o empurrava arrancou-o violentamente da árvore e, lentamente, levou-o de volta para o chão. Hillaire estava perfeitamente acordado quando esse fenômeno ocorreu. Ele pôde até mesmo perceber a lentidão mecânica com que se operou a sua descida; também ele não sentiu nenhum solavanco na sua aterrissagem. Ficou por um momento espantado, indeciso. Tocou seu corpo, perguntou-se se estava dormindo ou se sonhava acordado ou ainda se o seu Espírito, por um instante liberto do seu invólucro material, havia feito, por si só, essa curiosa ascensão. Muito embaraçado para resolver esse múltiplo problema, ele acabara por decidir, enfim, prosseguir seu caminho, quando percebeu, em sua mão direita, um pedaço de casca de árvore, do tamanho de uma moeda de cinco francos. Ele olhou para a árvore e viu, a uma altura de aproximadamente vinte pés (cerca de seis metros), o lugar de onde essa casca havia sido recém-arrancada. Desde então, mais nenhuma dúvida: os Espíritos haviam-no levantado materialmente, como eles haviam levado o Senhor Home. E, para melhor convencê-lo, haviam colocado entre suas mãos uma prova material irrefutável.

Constata-se, então, que os fenômenos, cuja autenticidade havia por um instante encontrado incrédulos entre os espíritas de Sonnac, foram aceitos, a partir de então, sem nenhuma dificuldade. Mais do que isso, encorajados pelo desenvolvimento sempre crescente das faculdades de Hillaire, eles não quiseram mais se restringir às manifestações nas quais os Espíritos eram tão pródigos. O médium também, convencido de que nada lhe era impossível, desde que ajudado pelos Espíritos, pediu-lhes com insistência que produzissem alguns fenômenos físicos tais como sons, batidas, movimentação de móveis, etc.

Alguns ligeiros ruídos já haviam sido ouvidos várias vezes, mas eles não eram suficientemente fortes para satisfazer os anseios de Hillaire, que continuava insistindo. Os Espíritos reservavam-lhe uma lição que, digo de antemão, ele sabiamente soube aproveitar.

Já fazia algum tempo, Hillaire não morava mais na cidade, em Sonnac. Seus negócios levaram-no a um vilarejo vizinho para onde ele havia transportado alguns móveis e onde morava com sua esposa e seu filho. Somente uma cama e algumas velhas cadeiras haviam sido deixadas em seu quarto, na residência de Sonnac, caso quisesse eventualmente dormir ali. Numa noite em que Hillaire havia feito uma sessão nessa casa, ele preferiu dormir lá em vez de voltar ao vilarejo. "Sozinho — disse ele — eu não temo que as batidas, caso elas ocorram, possam incomodar quem quer que seja. Bons Espíritos, eu lhes peço, concedam-me manifestações físicas notáveis."

Apenas havia pronunciado essas palavras, e repetidas batidas, muito fortes, ecoavam do sótão, sobre sua cabeça. Ele pegou uma vela, subiu pela escada que levava ao sótão e começou a fazer uma minuciosa busca. Não vendo nada e não ouvindo mais nada, ele quis descer, mas, mal havia colocado o pé no primeiro degrau, a escada começou a girar em volta dela mesma com uma velocidade assustadora. Ele foi violentamente derrubado, levantou-se rapidamente e procurou parar o movimento da escada. Todos os seus esforços foram em vão. Ela escorregava entre suas mãos e girava em volta dela mesma, com uma rapidez cada vez maior.

Enquanto isso, batidas ressoavam por todos os lados e cada vez mais violentas. Apesar de toda sua coragem, apesar de sua convicção ardente, Hillaire teve medo. Ele pensou que somente maus espíritos poderiam produzir tais fenômenos, e esse pensamento o aterrorizou. No entanto, quando a escada ficou imóvel, ele se apressou em descer ao seu quarto. Ele quis retomar a coragem, mas as batidas, acompanhadas de estalos assustadores, redobraram no sótão, e assim não pôde suportar. Várias horas haviam se passado e uma vaga luminosidade, que precede a aurora, começava a afastar as escuras sombras noturnas. Hillaire abandonou o local; saiu de sua casa para se recompor e também para desviar seus pensamentos da cena emocionante que acabara de testemunhar; ele pôs-se a carregar as carroças com terra que, havia alguns dias, esperavam por isso no quintal. Ele não ouviu mais nada.

O dia não tardou a aparecer, mas a profunda impressão da noite ficou gravada no coração de Hillaire. Dominado, no entanto, por um falso amor próprio, temendo o ridículo, ele receou admitir que tivera medo e não contou a ninguém o que lhe acontecera. Mas a Providência quis que esse fato fosse revelado; quis também que ele servisse de lição para Hillaire e para todos os seus colegas. Foi o que aconteceu na noite de domingo, 27 de setembro.

Houve uma reunião na casa do Senhor Berthelot. Hillaire, após ter visto e apontado um Espírito, caiu num sono magnético e, dirigindo-se nesse estado a um ser invisível a todos menos a ele, e que parecia puxá-lo pela mão, disse:

— Oh! Bom Espírito, o que quer de mim? Por que me toma pela mão?

— É para provar a você que devemos colocar toda nossa confiança em Deus.

— Onde, então, pretende me levar? Pede-me para que lhe siga... Pede-me para andar... Aonde está me levando?

— Siga-me e não duvide.

Assim, ele se levantou e, seguido por seus assistentes, penetrou as vielas tortuosas de Sonnac. O Espírito conduziu-o, sempre conversando com ele, até sua casa, situada a aproximadamente duzentos metros da casa do Senhor Berthelot. Uma vez em sua casa, Hillaire pegou sua chave e, com uma rapidez espantosa, uma destreza impossível para o mais habilidoso dos homens em estado de vigília, colocou-a na fechadura da porta, abriu-a e entrou em seu quarto. Todos os amigos o seguiram. Ele pegou um lápis, papel, caiu de joelhos e escreveu: "Rezem, meus amigos, rezem para que Deus permita aos bons Espíritos me assistirem e que Ele afaste os maus Espíritos cujas inspirações poderiam nos prejudicar". Todos os assistentes oram do fundo de seus corações. Logo Hillaire se levantou e, sempre dirigindo-se ao Espírito que o guiava, disse:

— Oh! Querido Espírito, aonde quer ainda me conduzir?

— Mais alto... Está me dizendo mais alto... Mas onde então? Tenho plena confiança em ti, eu o sigo.

Dizendo essas palavras, ele subiu com uma extrema rapidez a escada que levava ao seu sótão. Todos os assistentes subiram depois dele e, quando chegaram, encontraram-no de joelhos e parecendo acariciar em seus braços alguém que ele abraçava com uma doce efusão e uma viva emoção. Era o Espírito de uma filha que Hillaire havia perdido alguns anos atrás e que a ele se manifestava pela primeira vez. Após ter falado por um bom tempo com esse Espírito amado, ele agradeceu a Deus o favor inusitado que Ele acabara de conceder-lhe, permitindo-lhe ver e tocar aquela que ele acreditava haver perdido; e, após ter-se humilhado diante dessa nova manifestação do poder divino, ele rogou ao Provedor de todas as coisas a força e a coragem necessárias para levar com honra essa bandeira da fé e da regeneração espiritual que Ele havia, com toda a sua sabedoria, dignado lhe confiar.

Essa oração, que comoveu fortemente os participantes, mal acabara de terminar quando Hillaire percebeu, num dos cantos do sótão, vários Espíritos com ar envergonhado, embaraçados, que procuravam se esconder. Ele pediu explicações ao seu guia:

— Por que, perguntou ele, esses Espíritos não estão conosco? Por que eles parecem tão envergonhados?

— Está me dizendo para não me preocupar! Mas por que então?

— É porque eles se comprazem apenas no mal! Está me dizendo então que são maus Espíritos?

— Sim.

— Mas, então, eles devem ser lamentados! Eles parecem muito infelizes! Eles estão trêmulos!

— Eles estão pagando pelas faltas que cometeram, está me dizendo? Eles sofrem por terem sido desmascarados? Eles gostariam de se disfarçar aos meus olhos, mas não podem fazê-lo.

— São eles que assustaram você naquela noite.

— Oh! Os malvados! Deus os castigará.

— Mas por que hoje não estão me assustando?

— Porque hoje os bons Espíritos exercem sobre você sua influência poderosa e o preservam dos maus. Esteja certo de que se você tivesse chamado por nossa ajuda; se, em vez de procurar lutar somente com suas próprias forças, tivesse recorrido à oração, o que aconteceu a você não teria sido permitido.

O Espírito então, continuando a falar pela voz de Hillaire adormecido e dirigindo-se, ora àquele que lhe servia de instrumento, ora a todos os assistentes, deu uma instrução muito detalhada sobre os perigos aos quais nos expomos quando fazemos pedidos não-razoáveis aos espíritos somente tendo em vista a curiosidade, e quanto a isso ainda se acrescenta um sentimento de vaidade. Ele os fez compreender que Deus permite, então, aos Espíritos maus ou superficiais de se voltar contra seus evocadores imprudentes que, quase sempre, são cruelmente mistificados.

Eu lamento e meus leitores lamentarão comigo se essa instrução oral não tivesse sido conservada integralmente. Ela seria uma resposta definitiva às objeções de uma multidão de experimentadores que, tendo somente feito tentativas sem o auxílio de outras regras que o capricho de sua curiosidade ou de seu orgulho, sempre foram enganados, nada obtiveram ou somente alcançaram resultados obscenos, o que os levou a concluir a negação de fenômenos ou levou-os somente à manifestação dos Espíritos das Trevas. Seja o que for, essa lição causou uma profunda impressão em todos os que tiveram a felicidade de ouvi-la e, não temo em dizer, eles esforçaram-se constantemente em seguir e estar de acordo durante seus trabalhos e estudos.

Desde então, Hillaire, a quem essa sessão, de algum modo solene, foi relatada, nunca nada mais pediu aos Espíritos. Instrumento dócil e extremamente maleável, ele prestou-se às manifestações que eles quiseram por si sós produzir por seu intermédio e, certamente, obteve numerosas e variadas manifestações para demonstrar tudo o que podem as almas desmaterializadas, quando lhes é permitido agir sobre os fluidos que elas combinam com tanta facilidade.

VII

Viagem a Bordeaux – Contribuição

A Sociedade Espírita de Bordeaux ouvira falar das manifestações obtidas por Hillaire. O honrado Senhor Chaigneau, presidente da Sociedade Espírita de Saint-Jean-d'Angély, não se limitara apenas a nos enviar uma interessante relação que eu reproduzi anteriormente (Veja pág. 36). Ele quisera, em várias de suas boas e fraternas cartas, informar-nos dos progressos tão rápidos das faculdades do médium de Sonnac. O senhor Sabò, então presidente da Sociedade Espírita de Bordeaux, colocara-se em correspondência direta com Hillaire e havia várias vezes mencionado o interesse com o qual os espíritas de Bordeaux assistiriam a uma de suas sessões. Hillaire havia nos prometido uma visita. Nós o esperávamos com uma grande impaciência.

Finalmente, em 7 de outubro de 1863, ele veio à nossa sede. Houve uma sessão assistida por, pelo menos, quarenta pessoas. Aqui está a ata tal qual foi publicada na Comunidade Espírita de Bordeaux, 11ª edição, páginas 165 e seguintes:

"Na quarta-feira, sete de outubro de mil oitocentos e sessenta e três, a convite do presidente, os membros da Sociedade de Estudos Espíritas de Bordeaux reuniram-se às oito horas da noite, no local costumeiro de suas sessões.

"Estavam presentes, com exceção de três, os membros da Sociedade, bem como algumas pessoas de fora. Ao todo, por volta de quarenta pessoas.

"O presidente declara a sessão aberta. As orações habituais são feitas. Após a leitura de obras tratando de Espiritismo, uma evocação especial é feita para que se pedisse aos bons Espíritos que se manifestassem visivelmente ao médium Hillaire.

"Neste momento, ele disse: 'Vejo um Espírito ao lado da Senhora Sabò.' Depois dessa resposta, Hillaire encontra-se mergulhado no sono magnético. O presidente faz-lhe as seguintes perguntas:

P. – Está vendo, nesse novo estado, o Espírito que percebeu há pouco?
R. – Sim.
P. – Queira descrevê-lo com a maior precisão possível.
R. – Ele é um pouco maior que a Senhora Sabò, com os cabelos sob um lenço amarrado no queixo... (Ah! Ele agora está perto do Senhor Sabò, ele lhe toca a mão... (*Neste momento, a mão direita do Senhor Sabò agita-se compulsivamente como querendo escrever mediunicamente*)... Ele tem os cabelos de um louro escuro, o rosto magro e pálido, um vestido cinza com listras oblíquas. (*Esta descrição confere com a última roupa que ela usava na Itália.*)
P. – Queria perguntar seu nome.

"O médium pergunta o nome do Espírito e parece tomado de uma agitação violenta. Ele grita repetidas vezes: Oh, meu Deus! Dai-me alívio. Ele se joga de joelhos e diz ainda: Dai-me alívio, meu Deus, e fazei-me dizer o nome desse Espírito.

"Durante esse tempo, o Senhor Bez, médium da Sociedade, que estava tomando notas, é bruscamente interrompido em seu trabalho e escreve mediunicamente a palavra Felícia.

"E Hillaire continua: O que me diz, caro Espírito? Oh, isto me comove... Está me dizendo que é... Oh! Não me engane. Deus o punirá se estiver me enganando... Está me dizendo que é, filha de Cazemajour, esposa Sabò e no entanto, sua esposa está aqui! (*Ele aponta a Senhora Sabò*). O que está dizendo?... como a curiosidade me domina... Queira, em nome de Deus Todo-Poderoso, dar-me provas disto... O que está me contando, querido Espírito? Você tem um filho que vive?... Seu nome?... Como? José Sabò!... Oh! Espírito, não me engane... O que segura nessa mão que está me estendendo?... UM PEDAÇO DE PEDRA!... É para me machucar? — Não. — O que é então? — Um objeto de lembrança, está me dizendo, para sua família. Oh! Dê para mim — (*Com uma emoção cada maior, de joelhos, com a expressão de súplica, os dois braços estendidos, como para receber algo*). Oh! O que estou vendo, o que vejo? — Obrigado, obrigado. — O que vejo? Obrigado, meu Deus! — (*O médium segura na mão um objeto que não podemos identificar, os dedos estando inclinados em direção à palma da mão, mas que tem a aparência de um pedregulho*). Obedecendo ao convite do Espírito, o médium levanta-se e entrega o objeto ao Senhor Sabò, que está completamente tomado pela emoção.... E então, o médium acrescenta: O que recebi, meu Deus? — (*Voltando-se para o outro lado, e falando ao Espírito de seu pai, um de seus guias protetores, invisível para todos os assistentes*). Oh! Meu pai, o que está me dizendo? — Que isso é O FIM DAS DÚVIDAS? De que fim quer me dizer? — Do objeto que me entregaram?... Obrigado, obrigado!... (*O médium cai de joelhos e dirige uma oração a Deus para agradecê-lo por haver permitido aos bons Espíritos dar uma prova tão impressionante de sua manifestação*).

"Após um momento de descanso, o médium retoma: Oh! Quem me guia? — É você, caro Espírito. (*Ele reconhece o Espírito de Felícia.*) O que quer? — Quer abraçar sua irmã! Onde está ela?... perto de mim, onde então?... Leve-me até ela. (*O médium levanta-se, o braço direito adiante como se alguém o guiasse pela mão. Ele chega então perto da Senhora Sabò e a abraça*). Quer me dizer algo mais? — Que roga que sua irmã ame seu filho como a pequena criatura que lhe será confiada em breve — Oh! Querido Espírito, perdoe-me, cometi alguma indiscrição? — Oh, meu pai, ajude-me, minha palavra está se apagando. (*Nova pausa do médium.*) Ele continua, em seguida: Ainda está aí, caro Espírito, ainda tem algo a me dizer? — Quer me conduzir até sua mãe? — Onde está ela? Conduza-me. — O médium levanta-se, o braço direito adiante, anda entre as cadeiras e os assistentes e chega até a Senhora Cazemajour, sentada num canto da sala. Ele toma a mão dela, que ele aperta com efusão, volta para o meio da sala e grita: Ah! Meu Deus, onde está este Espírito? Ah! Minha salvação, minha salvação! (*Ele pede água e vinagre.*)[13]

"O que estou ouvindo? Uma voz que me anuncia a hora de despertar... (*Ele pega uma cadeira, senta-se e descansa tranqüilamente*). Alguém traz um copo de água com vinagre misturados. Colocam o copo sobre a mesa quando, de repente, Hillaire avança

---

13. Bebida que lhe foi recomendada pelos Espíritos e que o predispõe a despertar.

o braço mecanicamente à mesa, gritando: Oh! Quem me puxa o braço? — Ele chega assim até o copo que ele pega, leva-o aos lábios, toma grandes goles e repousa-o. Ele vai em seguida em direção à mesa, seus olhos bem abertos estão fixos e voltados para a parte superior do aposento; sua mão direita pega um lápis e escreve mecanicamente sobre uma folha de papel que se encontrava a seu alcance: 'Vá com coragem, deposite seu coração na doutrina espírita, você será feliz e Deus será seu santo guardião. Delmas, guia Espiritual.'

"O médium pousou o lápis, rezou para que Deus o aliviasse e o conduzisse pelo bom caminho. Ele bebeu mais um pouco e, dirigindo-se ao Senhor Vitet, seu companheiro de estrada, disse-lhe, com ar espantado, como alguém que acorda sobressaltado: 'Poxa, meu pobre Vitet!... o que é isso? Não sei o que eu tenho.... estou com uma enxaqueca!' Ele não se lembra de nada e estranha ter uma enxaqueca e uma pressão no peito.

O Secretário desta sessão O Presidente
Aug. Bez. A. Sabò."

A sessão terminou assim. Então, cabe a cada um levantar-se e examinar o objeto que parece ser um fragmento petrificado, parecido com os que aderem aos rochedos castigados pelo mar, de forma totalmente irregular e do tamanho de um ovo de galinha.

Quando comunicamos a Hillaire o resultado da sessão que marcaria a história do Espiritismo em Bordeaux, ele contou-nos que, em uma sessão da Sociedade de Saint-Jean-d'Angély, os Espíritos haviam lhe prometido o fenômeno do transporte em Bordeaux. Para nos certificarmos da exatidão desse fato, escrevemos imediatamente ao Senhor Chaigneau, que se apressou em nos enviar o resumo da transcrição da sessão que ocorreu em 5 de outubro e que, como veremos, confirmou de modo estrondoso o fenômeno dos transportes ora relatados. Os honrados membros da Sociedade, que se dispuseram a assinar a ata, são uma garantia certa de que os fatos relatados são a expressão exata da verdade.

Aqui está a ata:

"*Sociedade dos Estudos Espirituais de Saint-Jean-d'Angély*
(Certidão da transcrição nº 74)

"Segunda-feira, 5 de outubro de mil oitocentos e sessenta e três, a convite do presidente que acabara de receber uma carta do vidente Hillaire, anunciando sua chegada neste dia, os membros presentes da Sociedade de Estudos Espíritas de Saint-Jean-d'Angély reuniram-se ao meio-dia, no local costumeiro de suas sessões.

"Membros presentes: Senhor Bonnet, arquiteto; Deloup, escultor; de Laperrière de Tesson, ex-professor; Senhor e Senhora Beaugy e Senhor Guérin, verificador de pesos e medidas; todos residentes em Saint-Jean-d'Angély.

"Pessoas de fora que assistiram: Senhor Vincent, prefeito de Sonnac, Berthelot, proprietário, e Ard, professor primário em Sonnac.

"O presidente declara aberta a sessão, faz uma evocação geral aos bons Espíritos, pedindo para que eles assistam o médium Hillaire. No final de alguns instantes, este entra em sono magnético sob a única influência dos Espíritos. O secretário recolhe as seguintes palavras: (*Eliminaremos tudo o que não está relacionado ao fenômeno anunciado.*)

— "Oh! Caro Espírito, o que está segurando em suas mãos?.... Queira deixá-lo sobre esta mesa... Que objeto é esse, meu Deus!..... Quer colocar esse objeto entre minhas mãos?...... Oh! Dê-me esse objeto, isso DISSIPARÁ MINHAS DÚVIDAS... Dê-me esse objeto, eu lhe peço... Dê-me, se eu for suficientemente puro... Que objeto é esse, meu pai?.... Dê-me alívio, me ajude.... Que objeto é esse?.... Não é para me machucar, não é?.... É UM PEDAÇO DE ROCHA.... Deixe que eu o toque... Coloque-o sobre a mesa.... Por que não o coloca?.... Está me chateando.... Dê-me esse objeto.... Como? Hoje não? O que está respondendo?.... Em Bordeaux?.... Meu Deus, force esse Espírito a me dar esse objeto.... Já é a terceira vez que os Espíritos me prometem objetos... Como? Eu não devo insistir... E, no entanto, eu ficaria muito feliz de tê-lo em minhas mãos... Oh! Espírito, não me diga não.... Dê-me esse objeto... não o prometa para Bordeaux.... O quê? Mais tarde.... Este mais tarde parece tão distante.... Há tanto tempo estou à espera.... Se não quiser colocar esse objeto em minha mão, coloque-o sobre a mesa, em meu quarto, onde quiser, para que eu possa ao menos vê-lo ou tocá-lo... Meu bom Pai, seus conselhos são sábios; isso já me contenta.... Por que ele me mostra esse objeto?.... *Ele diz que o entregará a mim em Bordeaux*... Dê-me a sua palavra, querido Espírito... Está me respondendo: sim... eu acredito em você e, no entanto, *ainda tenho dúvidas.*

    O Presidente,   O Secretário desta sessão,
    A. CHAIGNEAU,   C. GUÉRIN
    D.M.P.   Verificador de pesos e medidas."

Os subscritos certificam a exatidão dos fatos acima relatados: A. Guérin, médium; — Desicy; — G. Akinson; — Petit; — H. Beaugy; — Deloup, escultor; — A. Groumeau, cobrador principal da Fazenda; — A. de Laperrière, capitão de longas distâncias; — Lesort, capitão no 5º regimento de encouraçados, cavaleiro da Legião de Honra; — A. Bonnet, arquiteto; — Ard, professor primário; — Berthelot, proprietário; Vincent, prefeito de Sonnac.

Mais abaixo, encontra-se a seguinte menção:

"Eu certifico que o Espírito de meu pai a mim se manifestou durante a sessão do dia 5 de outubro e me foi anunciado que Hillaire triunfaria na sessão que ele faria em Bordeaux; que ele não deveria se preocupar de modo algum e, principalmente, que não deveria se intimidar.

A. Bonnet, arquiteto, médium".

Admitimos com toda a franqueza que estávamos longe de esperar ver acontecer diante de nós o fenômeno do transporte de matéria, ainda mais porque Hillaire nos disse, depois da sessão ocorrida em Bordeaux, que era a primeira vez que ele obtinha um tamanho favor.

Agradecemos a Deus por tê-lo permitido e nos inclinamos diante das provas poderosas que Ele nos oferece sobre a manifestação das almas.

Após a sessão que acabamos de descrever acima, devemos relatar a que ocorreu no dia seguinte, na casa de campo do Senhor X..., onde nós e o médium fomos convidados a passar alguns momentos. Após um rápido passeio pelo jardim, dirigimo-nos à sala de visitas e, apesar do estado de sofrimento em que se encontrava Hillaire desde a véspera, ele entrou quase que em seguida no estado de sonambulismo. Disse à Senhora V... que estava vendo um espírito ao seu lado e que esse espírito era o do seu marido, que parecia ter por volta de vinte e oito anos (ele morreu aos vinte e nove anos). Ele traçou um perfil bastante preciso, mas que, no entanto, ainda deixava a desejar. Então, a Senhora V..., querendo ter uma prova irrefutável de sua identidade, pediu mentalmente que seu marido lhe falasse de sua aliança de casamento. Ela apenas acabara de formular mentalmente a pergunta e o médium Hillarie manifestou-se: "O que quer de mim, bom Espírito? Está mostrando sua mão? Por quê? Eu não estou entendendo... Está me pedindo para olhar... Para o quê? Seria a aliança de ouro que tem no dedo? Eu a estou vendo... Está me dizendo que é a sua aliança de casamento!..." Com essas palavras, a Senhora V... levantou-se e declarou que ela não tinha mais nenhuma dúvida sobre a aparição de seu marido, já que a prova de identidade que ela pedira mentalmente era a de que seu marido falasse desse anel.

Após esse acontecimento, que surpreendeu a todos os assistentes, o médium disse que o Espírito perguntou sobre seu jovem filho que, durante essa cena, brincava na propriedade. Chamaram a criança, o médium tomou-a pela mão, abraçou-a, declarando que esse beijo lhe era dado por seu pai. E, ainda segurando a criança pela mão, Hillaire disse: "O que quer ainda, querido Espírito? Quer que eu vá para perto de sua mulher com seu filho?... O que mais?... Perto de sua sogra?... E depois, perto de seu sogro?" (Foi o que fez o médium, sempre acompanhado pela criança.) Ele acrescentou: "Você tem outros familiares aqui? Está me dizendo que não tem um só com seu sangue, a não ser seu filho? (o que era verdade)."

Houve então uma conversa entre o médium e o Espírito. Apenas algumas palavras inteligíveis chegavam até nós. Por isso, compreendemos que o Espírito procurava dissipar as dúvidas que Hillaire experimenta quando ele está nesse estado: — Tenha confiança, dizia-lhe o espírito, tenha confiança!... Em seguida, em agradecimento por ter servido de intérprete, ele tomou-lhe a mão e apertou-a efusivamente; mas o médium se liberou desse aperto de mão e disse vivamente: "Não tão forte, querido Espírito, não tão forte." Essa característica, que pode parecer fútil, teve para a família um grande valor: quando encarnado, o Espírito expressava calorosamente suas simpatias e dava apertos de mão que faziam com que às vezes as pessoas gritassem. Por fim, terminando, o médium virou-se para a Senhora V... e disse-lhe: "Seu marido está feliz; está me encarregando de dizer que estarão reunidos após a morte!... Ah! Meu Deus, como isso é lindo!... Para onde está me conduzindo, querido Espírito? Que caminho é esse que se abre diante de mim... Como descrever as maravilhas que me extasiam?" Nesse instante, Hillaire parou de falar e entrou num êxtase que não ousamos interromper com pergunta nenhuma. Seu rosto, sua postura, todo seu ser expressava melhor do que as palavras o encantamento no qual ele estava mergulhado. Onde estaria ele, nesse momento? Nós ignorávamos. Não pôde lembrar-se disso ao acordar. A Senhora V... assegurou-nos que ela ainda havia pedido mentalmente ao seu marido a confirmação das promessas de felicidade que ele já lhe transmitira por escrito, mediunicamente, desde seu falecimento, sobre o futuro espiritual dos dois. Compreendemos, como ela, que a resposta, ainda que alegórica, estava clara, e que esta tão bela estrada que havia entrevisto o médium era a estrada do futuro...

Devemos esclarecer que o médium Hillaire não conhecia, de modo algum, a família à qual ele havia sido levado e que todas as precauções foram tomadas para que, durante a conversa, não fosse feita nenhuma alusão àqueles que nos propúnhamos evocar, caso o médium viesse a adormecer.

Em seguida a essa primeira aparição, Hillaire, sem acordar, disse: "O Espírito que estava há pouco comigo se foi, outro tomou o seu lugar. É também um rapaz, mas um pouco mais jovem; aparenta ter apenas vinte anos. (Esse rapaz faleceu com vinte anos e alguns meses.) É um belo jovem, grande, de aparência elegante, figura distinta." O médium, dirigindo-se ao Espírito: "O que está me dizendo, querido Espírito? Que está vindo consolar uma mãe, e que eu devo conduzi-lo até ela porque quer abraçá-la?" (O médium parecia ser conduzido como por uma mão em direção a uma senhora vestindo luto que fazia parte da sociedade.) Essa mulher, toda trêmula, estava muito impressionada com a descrição que o médium fez de seu filho. Ela pede que ele descreva suas vestimentas. Sua roupa é minuciosamente descrita, até a cor dos tecidos, a forma do chapéu e dos sapatos. Quando o médium fez a descrição da gravata do finado, que ele disse ser de seda com riscos marrons e pretos, a pobre mãe quase passou mal reconhecendo a última gravata que ela mesma havia feito para seu filho. Essa senhora, tendo-a guardado, mostrou-a para nós no dia seguinte, para que pudéssemos verificar a exatidão da descrição. A Senhora Thiel perguntou em seguida ao médium se ele poderia dizer o nome do seu filho. Ela mal havia formulado o desejo, quando Hillaire, parecendo conversar com o Espírito, retomou: "O que está me dizendo, querido Espírito? Está me dizendo que se chama... Henri Thiel... Não me engane... É de fato seu nome, meu pai? (a cada vez que o médium teme estar sendo enganado ele se dirige ao Espírito de seu pai.) Não, ele não está me enganando... É realmente Henri Thiel seu nome.

Antes de acordar, o médium disse como uma invocação a Deus: "Por que, meu Deus, eu que sou tão pequeno e tão ínfimo, concedeis-me o favor de ver e de falar com os Espíritos, enquanto o recusais a tantos familiares que o merecem mais do que eu?..."

Nós não poderíamos descrever a impressão que esse nome, Henri Thiel, produziu sobre as pessoas que se encontravam nesse círculo familiar, principalmente sobre a Senhora Thiel. Devemos declarar que nós, de fato, conhecemos esta última, mas que o médium não a conhecia de modo algum, e que nos dirigindo à casa do Senhor X.... não imaginávamos encontrá-la.

Nossos leitores devem ter visto que a linguagem de Hillaire é simples e inocente. Não poderia ser de outra maneira: ele teve somente uma instrução básica. Habituado aos trabalhos do campo, ele ficaria muito embaraçado se tivesse que formular frases. Ele é muito puro de coração: é um excelente instrumento para os Espíritos. Acreditamos ser útil acrescentar que sua emoção foi tão viva quando acordou, quando lhe relatamos o fenômeno da materialização, que ele ficou doente e ainda estava quando partiu.

Alguns espíritas formalizaram o fato de que não estavam presentes a essa sessão. O tamanho exíguo do local à nossa disposição não nos permitiu reunir todos os nossos irmãos em uma sessão geral. Por isso, pedimos a Hillaire que permanecesse mais alguns dias entre nós. A primeira reunião pertencia, por direito, aos membros da Sociedade, e nós lamentamos muito que a doença e a partida do médium tenham privado vários de nossos irmãos do espetáculo, ao mesmo tempo tão intuitivo e tocante, que nós pudemos testemunhar.

No entanto, é-nos permitido acrescentar que nós esperamos rever Hillaire em breve. Então, nós teremos talvez a felicidade de satisfazer todas as legítimas aspirações.

E. Sabò.

VIII

Visões diversas

Como disse acima, Hillaire via espíritos quase todos os dias, sem nenhuma invocação. Já que relatar todas essas visões seria algo impossível, escolhi algumas ao acaso, entre as centenas que eu vi com os meus próprios olhos. Ajo sem nenhuma ordem cronológica, relatando os fatos à medida que eles se alinham à minha forma de escrever.

Senhor Guérin, membro da Sociedade Espírita de Saint-Jean-d'Angély, havia feito por intermédio de Hillaire a invocação de Pierre Petit, um espírito que apareceu ao lado do médium e visto à direita do invocador dando-lhe o braço. Ele descreveu a mensagem que eu acho inútil reproduzir aqui. Como a repetição freqüente de pequenos detalhes podem cansar o leitor, parece-me suficiente dizer que o Espírito aparece em traje civil. Mas o Sr. Guérin, que reconhecera a descrição feita por Hillaire, faz uma oração para que o Espírito se apresente vestido com os mesmos trajes que o seu corpo usava no momento da sua morte. O Espírito desaparece rapidamente e reaparece alguns instantes depois num traje de granadeiro; Pierre Petit foi morto durante a Guerra da Criméia (1854-1856), quando era soldado.

A notícia das manifestações obtidas por Hillaire chegou a todas as cidades vizinhas e criou uma grande emoção; alguns riam, outros diziam que era mágica, bruxaria, ou declaravam que o médium de Sonnac havia vendido a sua alma ao diabo, mas todos estavam ansiosos para assistir aos fenômenos extraordinários.

Hillaire também recebia convites de todos os lados, sendo impossível aceitar todos. Os Espíritos que habitualmente assistem-no fizeram-no compreender que não se deve entregar ao ceticismo cego e radical e, muito menos, jogar ao vento os tesouros que Deus reservou àqueles que de boa vontade e sem preconceitos procuram a verdade.

Mas, mesmo assim, ele cede ao pedido de um amigo do Senhor Vitet e, no dia 22 de outubro, em companhia deste último, vai a Barbezière, subdistrito de Aigre, na região de Charente Marítime. Durante o trajeto, Hillaire viu um Espírito aproximar-se da carroça que os conduzia e caminhar muito tempo, ora à direita, ora à esquerda do cavalo e depois desaparecer repentinamente. Os viajantes então perceberam que as duas rédeas estavam desfeitas. Não havia dúvida, o Senhor Vitet havia atrelado os cavalos e estava certo de tê-lo feito como de costume, tomando todas as precauções para que nenhum imprevisto ocorresse. Após a surpresa, o cavalo foi novamente atrelado e a viagem prosseguiu sem nenhum incidente.

Grande foi a emoção causada com a chegada do Senhor Hillaire à cidade de Barbezière. Todos queriam vê-lo. Uma pequena multidão formou-se para vê-lo passar, enquanto os espíritos fortes suspendiam os ombros em sinal de arrogância e, ao mesmo tempo, de surpresa ao ver um homem simples como eles próprios. Inúmeras mulheres faziam o sinal da cruz recitando a frase força *pater*. A sessão aconteceu na mesma noite, na grande sala do Sr. Avrillaud, na casa onde os dois espíritas se encontravam.

A movimentação foi intensa e os assistentes, incrédulos, tinham um ar de mau agouro. Achávamos que deveríamos ter convidado o prefeito e o professor dessa cidadezinha do interior, pois são autoridades respeitáveis e respeitadas. O prefeito compareceu, mas o professor não pôde ir e lamentou o fato de não poder estar lá para assistir aos fenômenos que ali se produziriam.

Vale a pena salientar que Barbezière está localizada a 27 quilômetros de Matha, um local que o Senhor Hillaire nunca havia visitado e onde não conhecia ninguém.

Tão logo o silêncio foi restabelecido, Hillaire faz uma oração em voz alta aos bons Espíritos para que o ajudem a permitir algumas manifestações que possam trazer a fé e a convicção à alma daqueles que estão assistindo. Ele vê, ao lado do prefeito, o Espírito de uma mulher, o qual ele descreve. Pronto para dizer o seu nome, o Espírito pega na mão de um médium que, de posse de um lápis, escreve o seu nome e o do seu marido (nome que eram completamente desconhecidos para Hillaire); a emoção foi imensa e um recolhimento absoluto fez com que desaparecesse o sorriso que alguns dos presentes estampavam no rosto momentos antes. Dessa vez, o Espírito pega Hillaire pela mão e leva-o em direção ao prefeito dando-lhe um grande aperto de mão.

Era precisamente a esposa do prefeito que estava se manifestando.

Hillaire retoma o seu lugar próximo à mesa e cai num sono sonambúlico-extático que eu já tive a oportunidade de descrever anteriormente. Nesse estado, Hillaire viu o Espírito de uma criança e descreveu-o; perguntado qual era o seu nome, ele (o espírito) responde: Eu sou Léon Avrillaud.

Diante dessas palavras, todos os que assistiam se levantaram emocionados e não conseguiram conter as lágrimas.

Léon Avrillaud era o garoto da casa. Durante alguns minutos de silêncio, o Espírito continua a se expressar através de Hillaire: "Diga a meus pais para irem buscar os meus amigos Dupuis, Sébillaud, David e Brochet"; eram justamente os amigos íntimos do garoto. A partir desse fato, ninguém mais permanecia no lugar, cada um queria falar, orar. A emoção era viva, sobretudo dos pais que diziam graças a Deus que uma prova da presença de seu querido filho tinha ocorrido. Enquanto isso, Hillaire circulava meio dormindo entre todas aquelas pessoas extremamente impressionadas. Ele desloca-se abraçando uns e outros; o pai, a mãe, os irmãos e todos os parentes do Espírito que ele passou a procurar entre os diversos grupos agitados da sala, que se encontrava completamente lotada. A sessão foi interrompida por causa da emoção daqueles que assistiam. Os Espíritos acordam Hillaire.

A calma foi retomada e as pessoas foram retornando aos seus respectivos lugares. O médium, agora já completamente acordado, percebeu uma chama bem viva formar-se sobre a mesa e que logo pareceu se transformar numa grande fogueira. Um Espírito, tal como ele descreve, dava voltas em torno dessa imensa fogueira com uma garrafa na mão. Hillaire sente em seu braço que o Espírito queria fazê-lo escrever. Ele pega então um lápis e escreve as seguintes palavras sobre um papel: "É para provar para os meus amigos que sou eu mesmo, lembrando-os que todos os anos durante as festas de São João eu trazia a todos uma garrafa de aguardente que nós bebíamos juntos."

Todos os detalhes eram exatos.

Vários outros Espíritos também foram descritos por Hillaire, mas é impossível que eu inclua todos nesse pequeno livro. Vale a pena salientar que, a partir desse dia, grande parte dos habitantes de Barbezière convenceu-se da imortalidade da alma, fato que ninguém acreditava antes daquela bela sessão.

No dia 2 de novembro, Hillaire estava no vilarejo de Briou, onde o Sr. Vitet o havia retido para falar sobre os almoços de família. Ele viu perfeitamente uma velha senhora, invisível às outras pessoas; também viu um velho estrangeiro, Joseph Galdreau. Hillaire viu o Espírito da velha senhora aproximar-se e beijá-lo no rosto, depois partir e aproximar-se da empregada da casa, beijando-a também. Em seguida, o Espírito coloca-se à frente de Sr. Vitet e olha-o fixamente com muito carinho. Então, de repente, ele perde de vista a silhueta da velha senhora que, sobre os mesmos traços, toma a aparência uma mulher forte: uma camponesa com todo o vigor da sua idade. Hillaire viu, em seguida, a mulher descobrir os seios cheios de leite e colocá-los na boca do dono da casa. Julgando a surpresa, teve também a satisfação de saber que o Espírito que se apresentava era, ao mesmo tempo, a esposa do velho senhor, a mãe da empregada doméstica e a babá do Senhor Vitet.

No dia seguinte, na cidade de Sonnac, o serralheiro Caillé, morador da cidadezinha de Saint-Sever, na região de Jarnac, falando dos fenômenos obtidos por Hillaire, dizia que seria bem interessante testemunhar alguns fatos. "Se — diz ele — alguém pudesse me dizer como morreu o meu irmão, eu me colocaria imediatamente à disposição." Imediatamente o médium, que estava presente, viu um Espírito vestido com um uniforme militar, um avental de hospital, que ele descreve em todos os detalhes. Viu, também, a fisionomia do Espírito, o qual estava sentado numa cama de ferro. O médium, percebendo que o Espírito queria fazê-lo escrever, pega um lápis e um papel e escreve estas palavras:

"Você se lembra, meu pobre irmão, quando você veio me ver no hospital, em Saintes, e eu tentei falar com você. Nós nem imaginávamos que um ou outro estava tão perto da morte, quando, em seguida, você ouviu que minha garganta fazia: Grrrrrrrrr... Você me disse em seguida: 'meu pobre irmão, veja, você está morto'. Exatamente, eu já tinha morrido minutos antes."

Tudo era verdadeiro.

Durante uma pequena reunião na cidadezinha de Chaillot, na casa do Sr. Bellamy, Hillaire viu um Espírito ao lado de um homem chamado Michaud que assistia, pela primeira vez, a experiências desse tipo. Após ter dado os sinais que foram reconhecidos como exatos, o Espírito é solicitado a dizer o seu nome e faz Hillaire escrever: "Michaud, o seu pai." O que era verídico. Esse Espírito tinha desencarnado há 21 anos, por isso Hillaire não pôde reconhecê-lo.

Um outro Espírito, que dizia se chamar Cande, também foi descrito e reconhecido por todos os que assistiam. Entre eles, estava o seu pai. Ele apareceu sob um uniforme militar: Cande foi morto em serviço militar.

Enfim, uma terceira aparição aconteceu com uma particularidade que merece ser tratada de uma maneira especial, pois é a prova da grande potência com que mesmo os Espíritos mais avançados intelectualmente podem, consciente ou inconscientemente, mesclar os fluidos para fornecer provas irrecusáveis da sua identidade. Esse Espírito em questão, que Hillaire percebia sempre ao lado do dono da casa, parecia ter aproximadamente 80 anos. O seu corpo, que parecia ter sido grande, estava bem curvado pela idade. Ele usava um chapéu redondo com abas largas; os cabelos eram brancos e o rosto rosado apresentava muitas rugas. A calça e o paletó eram cinza e o colete, azul-celeste. E ele trazia consigo dois cavalos. Essa particularidade convence a todos os que assistiam, pois o Espírito designado era conhecido, quando vivo, como vendedor de cavalos. E ele morreu com 82 anos de idade.

Um dia Hillaire assistia a uma das sessões da Sociedade Espírita de Saint-Jean-d'Angély, sendo ele a testemunha de uma manifestação bem curiosa. Eis os detalhes tais como constam na ata da Sociedade, em 5 de novembro de 1863. Aproveito também a ocasião para agradecer sinceramente ao honorífico presidente Sr. Chaigneau pela ajuda que recebi dele na difícil tarefa que me impus, ou seja, a busca de provas autênticas de todos os fatos que eu tive a felicidade de relatar neste livro. Sr. Chaigneau, como todos os outros que compreendem o objetivo real do Espiritismo, não gostaria de ver arquivadas para sempre as manifestações cuja importância se dá pelo caráter evidente da autenticidade que elas revelam. Ele prefere que outras pessoas se beneficiem dessas provas, pois, nem todos têm a felicidade de assistir visualmente a fenômenos tão marcantes. Com essa variedade de fatos, pela sua verdade, o observador imparcial pode se conscientizar de uma maneira completa das categorias infinitas de Espíritos que vivem ao nosso redor, colam-se à nossa pele, desempenhando um papel muito importante, embora geralmente desconhecido, nas etapas de nossa vida.

Pedido: Ao Espírito São Bernardo, por tiptologia:

Posso evocar o Espírito de um dos meus antigos professores, F..., cuja vida terrestre findou-se recentemente em La Rochelle?

Resposta: Não.

Observação: A tiptologia pela qual obtivemos a resposta "Não" é pouco parecida com a frase bem conhecida de São Bernardo, que é proposta em razão da sua presença.

Pergunta: Você é mesmo São Bernardo?

A mesa coloca-se em movimento com grande violência sem que se possa obter uma resposta às questões colocadas.

Nesse momento, Hillaire, que assistia à sessão como um simples espectador, levanta-se rapidamente e diz: "Eu vejo uma mulher que segura a mesa com as duas mãos e a sacode com muita força. E ela está vestida como uma freira... e ela se coloca sob a mesa... Mas, atenção, senhores. Cuidado! Esse Espírito fará mal a vocês! Estes respondem que não estão preocupados, pois dizem que estão sob a proteção de Deus e dos bons Espíritos.

O móvel coloca-se em movimento de tal maneira que os dois pés da mesa, que é solidamente construída, acabam se soltando. Os pés são consertados da melhor maneira possível e orações são feitas ao Espírito, pois, se ele quer se entreter, deve fazê-lo de forma moderada. Ele parece se acalmar, mas fica evidente que também quer nos enganar. Nós, então, reprovamo-lo e tentamos nos livrar dele pela força das orações.

Durante o mês de dezembro, Hillaire vem nos fazer uma visita rápida em Bordeaux. Uma noite, na casa do Sr. Sabò, número 25 da rua Vergniaud, com outro colega meu, Sr. Chapelot, nós nos encontramos.

Após falar um pouco sobre banalidades, todos nós nos dispomos a orar para que os bons Espíritos se manifestem a Hillaire. Foi quando ele nos disse que via um Espírito se expressar ao meu lado. Ele descreveu-o e então ficamos sabendo que se tratava de um amigo em comum, Jean Bardet, Espírito consagrado de Bordeaux, cuja morte nos separou corporalmente em outubro passado. Mesmo que

Hillaire nunca o tenha visto ou conhecido, o testemunho que recebemos foi exato, e ninguém duvidava da sua presença entre nós.

Bardet retira-se e o médium recebe outro Espírito com uma aparência ao mesmo tempo graciosa e imponente. Ele tinha cabelos longos, espessos e grisalhos, e a barba da mesma cor. Ele estava vestido com uma longa túnica e os pés calçavam pantufas sobre as quais brilhava uma fivela de prata.

"Ah! — diz Hillaire. — Ele traz um pedaço de pão na mão direita... e ele o transporta como se quisesse oferecê-lo a alguém...

"Oh! O que estou vendo!...

"Mas o Sr. não está enxergando, Sr. Bez..., ele está ao seu lado!

"Vejo um outro Espírito ao lado dele... Com um ar miserável e todo desarrumado.

"Oh! O primeiro oferece o pedaço de pão... O pobre lhe agradece...Vejo uma expressão contente!... Ah, mas, sem mais nem menos, ele desaparece...

"Oh! Meu Deus! Que vejo eu?... O Espírito me mostra um quadro em que se desenrola uma situação de cobiça. Oh! Caro Espírito. O que significa esse quadro? Vejo alguma coisa escrita.... Por favor, permita que eu leia....."

O médium lê: "Veja o caminho a seguir para conquistar os caminhos dos Céus: a caridade, a caridade!"

O quadro desaparece. Hillaire vê um Espírito aproximar-se, pegá-lo pelo braço e fazê-lo escrever: "Coragem! Médiuns, partam para a ação, não abandonem suas obrigações. Paulin."

Hillaire vê-lo dirigir-se, em seguida, à Senhora Cazemajour, que estava sentada à beira do fogo, e fazer um sinal para que ela se levante a fim de escrever sob sua inspiração. A Senhora Cazemajour coloca-se à mesa, pega uma pluma e escreve um comunicado, que eu lamento não poder ter tido sob minha posse, no qual Saint Paulin se queixava da indiferença dos espíritas de Bordeaux, do abandono em que eles deixavam seus trabalhos. Ele convence-os a se engajarem com determinação ao trabalho e na confiança sobretudo de transformar esse espírito de orgulho que havia destruído a fraternidade da maioria dos corações e causado tanta divisão e ódio onde deveriam existir somente o amor e a caridade.

Enquanto a Senhora Cazemajour escrevia, Hillaire via o Espírito perto dela, à sua direita. Assim que a pena cai das mãos da médium, Hillaire vê um Espírito distanciar-se e desaparecer pelo teto.

Enfim, em 10 de fevereiro de 1864, Hillaire estava numa pequena reunião em Sonnac, quando vê um Espírito posicionar-se ao lado do serralheiro Rodet, que assistia pela primeira vez às sessões espíritas. O Espírito persistia em se mostrar e o médium assim o descreveu: ele está vestido com um uniforme de soldado em cujos botões estavam gravados o número três. Favor dizer o seu nome. O Espírito escreve: "Poineau". Pedem que ele diga a data da sua morte. Ele responde: "1830, o dia da tomada da cidade de Argel. Venho provar a manifestação das almas ao meu antigo camarada Rodet".

Ele não o reconhecia nem tinha lembrança que o ligasse ao nome de Poineau, que lhe parecia completamente desconhecido; o Espírito é convidado a fornecer dados mais precisos. Então o médium escreveu: "Meu amigo, você se lembra da tomada de Argel? Eu fui atingido à sua direita, quando estávamos como atiradores na frente da coluna de ataque; eu caí com o rosto contra o chão; acreditando que ainda não estava morto, você desfez a minha mochila e virou-me, mas eu morri exatamente naquele momento. Assim, eu agradeço pela sua atenção."

Naquele momento, o serralheiro Rodet não se lembrou dessa passagem, mas no dia seguinte ele veio se encontrar com Hillaire e, todo emocionado, disse que eles estavam diante do espelho fiel da verdade. Este tal de Poineau, do qual ele não se lembrava mais, tinha sido o seu colega de quarto no 3º regimento e todos os detalhes da sua morte não haviam deixado nenhuma impressão particular sobre ele por causa do cansaço e das emoções daquele dia de carnificina e vitória.

No mesmo dia, na cidade de Briou, Hillaire tinha visto um Espírito ao lado do Senhor Albert que, acompanhado de seu filho de 17 anos, encontrava-se de passagem pela residência do Senhor Vitet. Por favor, diga o seu nome. O Espírito faz escrever: "Rose Balleau, esposa de Albert". Hillaire então fez a descrição da fisionomia e não deixou passar nem pequenos detalhes da vestimenta. Tudo foi perfeitamente reconhecido pelo marido e o filho do Espírito, com exceção de um lenço marrom com flores amarelas e traços brancos que ninguém conhecia.

O Espírito então insiste em colocar o lenço em evidência, e ele tinha razão, pois no mesmo dia, voltando para casa, Albert encontra as portas do guarda-roupa escancaradas e o primeiro objeto que os seus olhos fixaram foi o lenço que Hillaire havia descrito. Muito emocionado, ele parte no dia seguinte para a cidade de Briou para mostrar o lenço aos senhores Vitet e Hillaire.

Esses dois últimos fenômenos são muito importantes, porque desmentem a teoria do chamado reflexo, cujos partidários defendem que os contatos espíritas são causados apenas pelo reflexo do pensamento do invocador ou pela maioria dos assistentes. Ora, é evidente que nesse caso ninguém conhecia as particularidades citadas pelo médium. Essas não podem ser o fruto de uma inteligência inteiramente independente e com uma personalidade bem distinta, embora impalpável e invisível pela maioria dos que assistem.

É por isso que a maioria dos sistemas mais ou menos engenhosos inventados por experimentadores, que admitem tudo menos aceitar a comunicação com as almas, acaba se contradizendo, quando são apresentadas as provas da veracidade dos fatos.

IX

Mais um Milagre

Em 18 de novembro de 1863, Hillaire foi passar a noite em Briou, em companhia do seu amigo e irmão espírita Vitet e da esposa deste último, a Sra. Vitet, que recentemente havia começado a experimentar os primeiros sintomas da mediunidade; ele tentou trabalhar em sua presença, convicto de que a combinação dos fluidos necessários seria facilitada e que os resultados desejados seriam atingidos rapidamente. O Senhor e a Sra. Vitet e Hillaire subiram para os seus aposentos e, após se recolherem para as orações, invocaram os seus anjos da guarda, e estes fizeram a gentileza de se comunicar com Hillaire.

O médium pega o lápis, mas escreve apenas algumas palavras e pede à Sra. Vitet para tentar escrever também. Durante um instante, a Sra. Vitet sentiu os braços agitados e já começava a traçar algumas palavras quando percebeu que Hillaire estava com os cotovelos na mesa e a cabeça entre as mãos mergulhado num sono profundo. O Sr. e a Sra. Vitet entreolharam-se um pouco surpresos, aguardando alguma manifestação inesperada, mas, Hillaire continuou um bom tempo imóvel sem ver Espírito algum e sem falar com eles. Isso até então nunca havia ocorrido, pois, ele geralmente está em comunicação direta com os Espíritos quando o sono lhe abate e ele pode se desligar do corpo e lançar-se no espaço. O casal começa, portanto, a preocupar-se e, de joelhos, ambos se põem a orar do fundo dos seus corações a Deus e aos bons Espíritos para que estes ajudem o amigo e protejam o médium, evitando que qualquer mal o atinja. Após aproximadamente meia hora de espera, que mais pareceu uma eternidade, Hillaire expressou um leve movimento e, sempre dormindo, passou o braço pelo pescoço do amigo, puxando-o contra si para lhe dar um beijo no rosto repetindo esse gesto várias vezes: "Ah! Meu pobre Vitet, meu pobre Vitet". Este sentiu as lágrimas quentes caírem dos olhos fechados de Hillaire e derramarem-se por todo o rosto. Mais preocupados do que nunca, eles chamam os empregados da casa, que se precipitam subindo até os aposentos onde encontram o médium estirado e inconsciente nos braços dos amigos. De repente, ele se levanta e libera-se dos braços do Sr. Vitet, dá alguns passos pelo quarto e faz a seguinte inscrição: "O que me dizes, meu caro pai! Eu não me assusto, pois eu não corro risco de morrer! Oh, muito obrigado, meu pai, obrigado por me tranqüilizar sempre." Ele se refaz e se joga novamente nos braços do amigo para, em seguida, liberar-se bruscamente e se jogar ao chão. Os assistentes levantaram-no mais uma vez. Ele dá mais alguns passos pelo quarto, aproxima-se da cama e cai novamente. Ele mesmo faz um sinal para que o coloquem sobre a cama. Todos se apressam em obedecê-lo. Uma vez deitado, o Sr. Vitet pega o braço de Hillaire para conferir as batidas do seu pulso. O batimento é normal, o que o deixa mais tranqüilo. Mais meia hora se passa sem que nada aconteça. De repente, Hillaire levanta-se, senta-se na beira da cama, esfrega os olhos e pergunta surpreso: "Onde estou?". Percebendo que está numa cama, pergunta: "Por que me colocaram aqui?" É para que você descanse confortavelmente, respondem. "Ah! Muito bem", replica ele e volta a dormir, caindo no mesmo sono profundo extático. De repente, uma grande ansiedade toma conta de todos os assistentes e, falando baixinho, eles se perguntam se não vale a pena ir buscar a esposa de Hillarie. Mas esse ouve e responde: "Deixem a minha esposa em paz.... Nesse momento ela está orando por mim a Deus". Depois, ele exclama: "Ah, meus amigos, estou vendo todos vocês!..." e cai novamente na mais completa insensibilidade. Cogita-se mais uma vez de buscar a sua esposa, mas o Sr. Vitet, saindo enfim dessa situação que havia mergulhado por essa atitude inesperada de Hillaire, diz com uma voz inspirada: "Meus amigos, nós temos uma só coisa a fazer: orar a Deus e depositar toda a confiança Nele." Hillaire ouve, pois ele aprova a atitude com suas duas mãos. Vamos rezar com todo o fervor.

De repente, Hillaire levanta-se, atravessa o quarto e, sempre meio sonolento, desce as escadas, entra na cozinha, pega o seu chapéu, sua bagagem, que estava sobre a mesa, abre a porta do quintal e dirige-se à porta que dá para a estrada. Os anfitriões seguem-no. Ao chegar à porta que abre o portão, ele sai e, apesar do frio, continua dormindo e pega a estrada para Sonnac. Cada vez mais preocupados, o Sr. Vitet e sua esposa, acompanhados por um empregado da casa, Mulon, apressam-se em segui-lo. Hillaire andava a passos largos e rápidos, e seus amigos, aos quais se juntou também um dos cães de guarda da casa, demostravam uma enorme dificuldade em acompanhá-lo. Eles estavam próximos de Hillaire quando perceberam que os seus pés não tocavam o solo, embora as pernas se movimentassem. Nenhum barulho ouvia-se sob os pés do médium em pleno caminho de pedras, enquanto se ouviam nitidamente os passos daqueles que o seguiam. Intrigados com esse detalhe, eles fizeram um esforço inimaginável para ultrapassá-lo e tentar descobrir o que acontecia. Eles conseguiram apenas segui-lo bem próximo. Enfim, chegando mais ou menos no meio do percurso, Hillaire pára bruscamente e cai de joelhos. Fala longamente com vários Espíritos que ele chama pelo nome. O de Felícia, que já havia se manifestado a ele em Bordeaux, vinha repetitivamente aos seus lábios. Os assistentes colocaram-se, eles também, de joelhos na estrada, mas Mulon levantou-se rapidamente e, dando vários passos em direção a Sonnac, deita-se na estrada para melhor examinar os pés de Hillaire no momento em que o mesmo retomar a caminhada.

Logo em seguida, o médium retomou o caminho para Sonnac. O empregado vê claramente que Hillaire caminhava pelo menos a vinte e cinco centímetros acima do solo e, ao se aproximar dele, Hillaire passa sobre o empregado sem tocá-lo, embora os outros dois assistentes tivessem a nítida impressão de que os pés de Hillaire tinham pousado sobre o corpo do empregado. Este se levanta surpreso e cheio de admiração, continuando a seguir Hillaire na companhia dos patrões. Finalmente, quando estavam quase chegando aos arredores de Sonnac, eles distinguem claramente as palavras: "O que você me diz, querida Felícia, você quer dizer que eu devo acordar?" E, no mesmo momento, Hillaire abre os olhos, tira o chapéu da cabeça e exclama: "A borda do meu chapéu está quebrada." E, virando-se para aqueles que o seguiam, surpreso em vê-los ali, perguntou: "Por acaso vocês estão indo para a quermesse de Neuvic?"

Durante esse tempo, eles já haviam chegado a Sonnac. Eram quase onze da noite. Hillaire e os companheiros entram na casa do médium onde eles relatam tudo o que havia acontecido. A Senhora Hillaire afirma a hora exata em que estava orando para o marido, o que, para ela, é um hábito. Hillaire, maravilhado com tudo o que acabava de ouvir, lembra-se perfeitamente de ter sido conduzido para a Itália pelo Espírito de Felícia; também se lembra muito bem de haver prestado atenção a uma montanha por onde passava uma linha de trem e onde tinha visitado também o cemitério no qual repousam os restos mortais do Espírito. É indispensável dizer aqui que o Espírito de Felícia, primeira esposa do Sr. Sabò, de Bordeaux, morreu na Itália e que o cemitério onde foram depositadas as suas cinzas se situa aos pés da montanha por onde passam os trilhos da ferrovia, que estava apenas em projeto na época da morte da Sra. Sabò. Eu percebi também que, embora Hillaire não costume fazer isso em situações semelhantes, ao acordar, ele lembrou-se perfeitamente do que mais havia lhe marcado durante a sua viagem. É sabido também que os magnetizadores podem, quando desejam, gravar na memória dos sonâmbulos todos os atos realizados durante o sono. Esta coincidência prova, mais uma vez, o quanto o Espiritismo e o magnetismo estão unidos por laços estreitos, dando total razão àqueles que pensam que o sono extático dos médiuns ocorre devido à magnetização pelos Espíritos.

X

Sessões

A notícia desse último fenômeno espalhou-se com a velocidade de um relâmpago. Todos aqueles que até então não haviam assistido às manifestações espíritas ficaram ansiosos para vê-las. Nunca Hillaire foi tão assediado; recebeu tantos convites das mais diferentes pessoas para promover sessões em domicílio. Propostas financeiras também surgiram das mais variadas partes, mas Hillaire sempre teve a profunda convicção de que as suas realizações são caridosas e têm como único objetivo levar a fé para dentro da alma dos incrédulos para eliminar, desse modo, o materialismo que os corrói sem piedade, mergulhando-os no egoísmo e na luxúria. Depois que Deus teve a bondade de se servir dele para iluminar seus compatriotas, depois que algumas dessas manifestações se produziram pelo seu intermédio, o médium simplório de Sonnac considerou a sua mediunidade como um puro sacerdócio; ele estava convicto de que o dia em que ele fosse remunerado, por menos que seja, as suas faculdades ser-lhe-iam retiradas ou seriam entregues como um joguete para os maus Espíritos ou levianos que se serviriam delas somente para praticar o mal ou mistificar todos aqueles que se dirigissem a ele. Portanto, a situação financeira desse humilde instrumento é bastante precária. Sem riquezas, é necessário que ele ganhe o pão com o suor do seu rosto e, muitas vezes, o cansaço que ele acumula quando se produz alguma manifestação importante compromete muito a força necessária para que utilize a pá e a enxada, dois instrumentos que impreterivelmente encontramos em suas mãos. Muito confiante nas promessas, às vezes levianas, que alguns espíritas de Bordeaux estavam apressados em fazer e, ignorando as numerosas artimanhas pelas quais todo postulante desconhecido deve passar antes de obter um lugar, o qual chamamos de grande empreitada, Hillaire contava com um emprego que permitia ganhar a vida honestamente sem se cansar muito. Após vários meses de espera, encontros e promessas, todas as esperanças foram frustradas e ele se encontrava diante da realidade: a confiança em Deus, a única que jamais o enganou.

Ele recusou-se a fazer sessões em vários lugares, mas não pôde resistir inteiramente aos inúmeros pedidos que sempre chegavam até ele. Após ter solicitado os conselhos de seus guias, ele propôs-se a dar duas sessões, uma em 19 de dezembro, na residência do Sr. Vincent, prefeito de Sonnac; outra no dia 27 do mesmo mês, na residência do Sr. Vitet, na cidade de Briou, em quee foram aceitas as pessoas que puderam explorar os ensinamentos a fundo e sem a menor retribuição, o consolo que muitos não obteriam em nenhuma parte. Penso que devo inserir aqui, na íntegra, o conteúdo das atas dessas reuniões, que eu devo fraternalmente aos Srs. Vincent e Vitet.

Sessão espírita de 19 de Novembro de 1863, na residência do Sr. Vincent, prefeito de Sonnac.

Ata da Reunião

No ano de mil oitocentos e sessenta três, aos dezenove de novembro, às oito horas da noite, a Sociedade Espírita de Sonnac reuniu-se no local chamado Fontaine-des-Marais. Estavam presentes: Sr. prefeito e dono da casa, Vincent; Sr. Ard, professor local, Berthelot, Ballanger, J. Vincent, Leon-Pierre Joubert, Eucher Prévost, Sallé Pierre, Decréac Auguste, Bertin Auguste, Renaud (seu filho), Tricot Pierre, Martiàl, Vialatou, Mian Jean, Vrignon Louis, Victorine Vincent e vários outros assistentes que, sem serem convidados, entraram durante a sessão e foram acolhidos sem nenhuma distinção.

A sessão foi aberta pelo médium Hillaire após utilizar as orações de costume e evocar os bons Espíritos para vir ajudá-lo com seus sábios conselhos.

Rapidamente, ele recebeu as influências magnéticas dos bons Espíritos e fez as suas orações ajoelhado ao lado da mesa, virando-se para os assistentes e dizendo: "alivie-me, meu Deus, alivie-me".

Em seguida ele completa: "Vejo um Espírito na minha frente. Quem é você, meu caro Espírito? Não me engane, Deus pode puni-lo.... Meu Pai, por acaso esse Espírito estaria me enganando?"
— Não!
O médium agora se dirige ao Sr. Ballanger, um dos assistentes, e diz: "Venha e abrace o 'seu' Aquilles, pobre pai, abrace o 'seu' Aquilles, aquele que tanto chorou e ainda chora..."[14] Por que minha gentil mãe não está aqui, ela que tanto desejou aqui estar[15] e que ainda está tão ressentida. Eu vou ver essa honesta mãe para consolá-la. Eu vou, sim, eu vou.

O médium deu dois passos à porta de saída como se fosse sair, mas de repente ele parou, dirigiu-se a algumas pessoas à sua direita e acrescentou: "Querido pai, se você me disser para não ir, eu não irei". Em seguida, ele se aproximou do Sr. Ballanger, segurou-o pelas mãos e disse: "Eu vou dar o meu sinal, meu pai; você se lembra, 'pai', de meu chapéu cinza e minha gravata de seda com traços brancos que minha tia Madalena me deu e também de meu pequeno colete de seda preta com flores que ainda não estava pronto[16]. Ah! Minha tia Madalena, minha tia Madalena, se ela estivesse aqui! Faça-a rememorar essas lembranças, meu pai. Lembre-a também de quando eu fui à sua casa com meu professor. Meu pai, você sabe que eu contraí essa doença no seminário[17].

Em seguida, o Espírito desapareceu e Hillaire descansou por alguns instantes. Mas ele vê um segundo Espírito e pede que ele diga o nome. E completa: "Você diz que se chama Vincent" e, pegando a mão do Sr. Prefeito e puxando-a para ele, abraça-o e depois completa: "Você é médium, meu filho; você pode tentar imediatamente e você vai obter, mas que isto não o desvie de sua obra".

Em seguida, ele vê outro Espírito que declara ser o irmão deste último. Dirigindo-se a um dos assistentes, Vincent de Brissonneau, neto deste último Espírito, ele pega-o pela mão, dizendo-lhe: "Vem aqui dar um abraço no seu avô, meu filho", e leva-o a um canto da sala onde estava sentada a mãe desse jovem e completa: "Creiam em

---

14. A Senhora Ballanger realmente perdeu um filho que tinha esse nome.
15. Era verdade, assuntos inadiáveis impediram-na de estar naquela sessão, embora ela tenha querido muito ir à reunião.
16. Todos esses detalhes foram reconhecidos como verdadeiros; o tecido do colete ainda está guardado pelos pais.
17. Esse fato era verdadeiro.

Deus, minha filha e meu filho amado". Ele abraça-os com muita emoção e o Espírito desaparece.

Instantes depois, Hillaire retoma: "Vejo um outro Espírito entre o Sr. Ard e o Sr. Ballanger. Vejam, ele abraça Léon Joubert! Caro Espírito, diga-me o seu nome, se Deus o permitir". O médium escreve: " Jean Joubert". Era o pai daquele que ele havia abraçado pouco antes.

Hillaire senta-se e apóia a cabeça sobre a mesa durante alguns minutos. Em seguida, levanta-se e diz: "Os Espíritos não me abandonam nunca". Depois, pega o castiçal e apaga as velas, atitude que surpreende a todos. E continua:

— Vocês estão vendo este castiçal? Incrédulos. Ele está apagado e está muito escuro aqui. Agora que a luz celestial os está iluminando, saibam aproveitar e não fechem as cortinas na frente dessa luz.

O castiçal é aceso novamente e Hillaire vê mais um Espírito que o leva novamente na direção do dono da casa, a quem ele diz: "Você, meu amigo, que respeita muito as minhas cinzas, lembre-se do seu irmão e da sua irmã". Em seguida, ele completa: "Você se lembra, meu filho, do meu leito de morte; eu estava num quarto exposto ao sol do meio-dia, você estava à minha direita. Você me abraçou no momento em que eu dava o meu último suspiro. Adeus, meus filhos, adeus".

Esse fato, que era de uma rigorosa exatidão, impressionou muito o Sr. Vincent.

Momentos depois, o médium vê um Espírito todo ensangüentado e diz: "É o Espírito de uma mulher que é bem pequenina". Ele pergunta o seu nome, mas ela lhe responde que não pode dizê-lo, mas que ela havia morrido naquela casa.

Hillaire vê-la ir beijar a velha empregada da casa do Sr. Vincent que rezava nesse momento e que sentiu uma corrente de ar quente passando-lhe pelo rosto. Supomos que se tratava do Espírito de uma irmã da doméstica, sendo ela e o seu marido os empregados da casa em que morreu de parto há muito tempo.

Após ter visto ainda mais dois outros Espíritos, o médium solicitou o seu salvo-conduto que já estava todo preparado e, após ter bebido alguns goles, ele acordou, mas permaneceu num estado de insensibilidade por alguns instantes. Quando já estava totalmente acordado e, em seu estado normal, ele perguntou aos assistentes o que havia ocorrido.

Fato encerrado em Fontaine-des Marais, às vinte e três horas da noite.
Assinado: Sr. Vincent, A. Ballanger, Ard, Léon-Pierre Joubert, Z...A, J. Vincent, Désirée Sallé, Rosalie Sallé, Isidore Arnaud, Eucher Prévost, Auguste Decréac, Berthelot.
Não assinaram outros que não sabiam escrever: Sr. Marcial Vialatou, Mian Jean, Bertin Auguste, Vrignon Louis, Tricot Pierre e outros que partiram antes do término do registro dessa ata.

Sessão Espírita de 27 de novembro de 1863, na residência do Sr. Vitet, moleiro na cidade de Briou.

Ata da Reunião

Aos vinte e sete de novembro de mil oitocentos e sessenta e três, como fomos convidados a uma sessão espírita que se realizou no vilarejo de Briou, na residência do Sr. Vitet, reunimo-nos às sete horas da noite. Pessoas de Matha, de Sonnac e adjacências já se encontravam reunidas.

A tranqüilidade estava estabelecida, o médium pediu a todos para se recolherem e ajudá-lo durante as orações. Ele, inclusive, fez uma invocação geral aos bons Espíritos e escreveu algumas linhas sob a influência dos mesmos. Em seguida, caiu num sono magnético que lhe é peculiar. Depois de agitar-se um pouco na sua cadeira, colocou-se de joelhos ao lado da mesa e fez uma oração, durante a qual ele viu o Espírito do seu pai. Ele disse-lhe: "Ah, meu querido pai, eu me dirijo a você, me alivie, me alivie". E acrescentou, em seguida:

"Este Espírito que está na minha frente. Quem é? Qual é seu nome, meu caro Espírito? Por favor, em nome de Deus Todo-poderoso[18]. Meu querido pai, ele me diz se tratar de François Réveillaud, estaria ele me enganando?

— Não!

Cada vez que o médium se dirigia a seu pai, ele voltava-se para o outro lado e mostrava com clareza que os dois Espíritos formam para ele dois seres bem claros.

---

18. Nessas duas atas da reunião, conservamos, na medida do possível, cada palavra das conversações de Hillaire com os diferentes Espíritos que se manifestaram a ele.

Sempre de joelhos, Hillaire continua:

"Oh, Espírito, não fale comigo....Você diz tratar-se de François Réveillaud, responda-me; dê-me você mesmo uma direção a seguir... O que é que você acha? Os cabelos são pretos e encaracolados, os olhos estranhos! Seria por causa da doença?...

"Sim." — ele continua — "A pele é morena e a boca, pequena. Não usa barba, usa uma gravata listrada com pequenos pontos brancos, um colete por baixo de seda preta e um blusão". Hillaire sobe na mesa. A sua cabeça quase toca o teto. Depois, ele salta sobre o assoalho exprimindo-se em voz alta: "Para onde você está me levando, caro Espírito? Conduza-me". Ele dirige-se a uma mulher chamada Louise Réveillaud, esposa Babin, cujo marido também se encontra presente. Ele a abraça, dizendo: "Vem, minha querida criança, vem abraçar seu pai. Vim visitar você, que eu abandonei bem jovem. Lembra-se do meu irmão, a quem eu confiei a sua guarda? Vá, minha bem amada. Mergulhe o seu coração na fé e Deus a recompensará mais tarde. Fale também ao seu tio que Deus vai recompensá-lo de tudo o que ele fez por você... para onde você está me levando, querido Espírito?" Hillaire passa entre os assistentes, vira as cadeiras que se encontravam à sua frente e vai em direção ao marido que se encontrava do outro lado da sala. Dá-lhe um forte abraço e um beijo no rosto, dirigindo-lhe palavras de uma grande ternura e muito carinho[19].

Após retornar ao seu lugar, o médium repousa alguns minutos e braveja: "Incrédulos, abram os seus olhos e vejam este caixão sobre a mesa, há um morto dentro deste caixão!... Quem é você, Espírito?... Fale-me, quem é você? Du... a qual família está ligado aqui? O quê? Você não tem família aqui? O médium levanta-se e vai em direção ao Sr. ... instalado em frente à mesa e diz-lhe: "A você, meu amigo, mude a vossa viagem e vá visitar minha filha... Dê-lhe lembranças e também ao meu amigo B.... Diga-lhe, sobretudo, para que ela impeça seu filho de cair no mesmo abismo em que ela está escorregando, pois ela vai se perder, pobre garota. Ele cairá num abismo. Ela deve, portanto, colocar barricadas que o detenham. De outra maneira, ele estará perdido".

---

19. Joseph Babin e sua esposa, Louise Réveilland, atestaram a verdade de todos esses detalhes e assinaram a ata da reunião.

Hillaire, nesse momento, dá o sinal de que o Espírito é bem alto e possui vestes negras. Sr. De... reconhece-o perfeitamente e parece muito emocionado; ele afirma que as recomendações feitas pelo Espírito são exatas.

Um outro Espírito manifesta-se ao médium, que se dirige a um senhor de idade, chamado J..., gritando: "Abram os olhos, incrédulos". E, colocando a mão direita sobre o ombro do senhor e a esquerda no coração, ele bate várias vezes no peito dizendo:

"Meu velho, eu estou vindo ao seu encontro, mesmo que há pouco tempo eu tenha me despojado da minha mortalha; estou vindo a você para provar a manifestação das almas. Creia, meu velho, creia. Mergulhe novamente seu coração nos princípios da fé. Ele está precisando, porque ele é muito duro. Seu coração, ele é muito duro, duro mesmo". Enquanto dizia isso, o médium batia no peito com bastante força.

Após um momento de silêncio, o médium recomeçou. Desta vez, dirigindo-se a seu pai: "Oh! Por que o Espírito quer me fazer relatar os segredos de família que eu não faço a menor questão de conhecer? Está bem. Pai, impeça o Espírito de se servir de mim para essa tarefa". Então, ele senta-se. Ou melhor, deita-se aos pés do Sr. J. e diz: "Estou vendo um Espírito na minha frente. Ele tem uma aparência magra e bem pálida. Tem também um ar doente. Deveria estar bem mal durante a sua vida. Ele é bem jovem". O Espírito, na verdade, é o de uma jovem garota de cerca de quinze anos, morta quatro dias antes da sessão.

Hillaire vê um Espírito que o faz abraçar o seu irmão, que está presente também nesta sessão. Depois, num gesto repentino, ele pergunta: "Por que você me tornou paralítico?" E, de pronto, com as costas curvadas, a sua cabeça abaixa-se em direção ao peito, seu braço direito alonga-se e vira-se em direção às costas, seus dedos parecem se alongar exageradamente. Ele fica por alguns momentos nessa posição, que representa a imagem das enfermidades que afligiram o Espírito pouco antes da sua morte.

O despertar de Hillaire é muito difícil. Ele fica numa espécie de êxtase, período em que vê ainda muitos outros Espíritos. Enfim, quando suas idéias parecem ficar mais lúcidas, ele recomeça dizendo:

"Que é esse prédio que vejo à minha frente?.....Como ele é bonito! Como é majestoso!...Vejam! Vocês não vêem nada?... Ele tem cinco andares, tem dezessete colunas no térreo e nos outros andares. Em cada coluna se encontram vários Espíritos parecidos entre si, mas diferentes em relação aos dos outros andares. No andar mais alto, eu vejo São Bernardo, ele me mostra um objeto[20] que já me foi mostrado várias vezes em Sant-Jean-d'Angély e em outros lugares! Me dê, São Bernardo, me dê por favor, isto me faria muito feliz". E com a mão aberta e os braços estendidos, ele aproxima-se da mesa com o rosto em êxtase, numa expressão ansiosa, de aparência indefinida, que se transforma em uma expressão de profunda tristeza. Ao mesmo tempo, ele pronuncia essas palavras: "Enfim, meu caro Espírito, eu não sou tão duro assim! Bem, você me fala, mais tarde, mais tarde..."

O médium mantém os cotovelos sobre a mesa, apóia a cabeça com as mãos, fica imóvel por alguns segundos nessa posição e, em seguida, acorda...

Estes são alguns dos fatos mais importantes que marcaram essa grande reunião, muito numerosa para que aqui eu possa citar todos os participantes.

Assinaram:

Vitet (filho), Ard, Courtin, Joseph Babin, Louise Réveillaud, Louis Renaud, Dubreuill, Rodet, Charpentier, Théodore Héraud, Marie Martineau, Berthelot, André Portrait, Aubouin Jules, Clarice Bonnet, Marie Aubouin, Jeanne Flammand, Rougé, Garnier, Hélène Rougé, Sra. Marsaud, Vitet (pai), Mongrand, mais cinco ou seis nomes ilegíveis.

Nota: Deixamos de acrescentar a essa ata de reunião que o médium, quando adormecido, escreveu o que se segue: "Eu estou aqui, Gaborit de Champagnolles. Querido sobrinho, você se lembra dos cuidados que eu tinha com você? Hoje eles seriam para um Espírito bem responsável. Eu sei que você tem uma fé muito grande; então, mantenha-a e a transmita à sua esposa também para que a sua consciência seja mais tranqüila. Adeus, meu caro amigo, meu querido sobrinho Alexandre".

O médium assina: "Gaborit". A assinatura é idêntica à do Espírito quando em vida. Vale ressaltar que a descoberta dessa assinatura não era esperada por Hillaire. Além disso, o médium nunca conheceu o Sr. Gaborit.

Assinado por A. Boisselier, Marchive, Boucherie.

---

20. Hillaire tinha obtido um objeto desse tipo em Bordeaux.

XI

Novas Contribuições - Um remédio

No dia 24 de dezembro de 1863, os senhores Moïse Vincent, Berthelot e Godin passavam a noite em família com o Sr. Vitet, em Briou, onde Hillaire morava havia alguns dias. Depois de ter conversado sobre diversos assuntos e, no momento em que cada um se dispunha a voltar para casa, os assistentes recolheram-se e pediram aos bons Espíritos que se manifestassem para o médium, se tivessem algo a lhes comunicar. Hillaire sentiu-se logo tomado pelo fluido mediúnico, pegou lápis e papel e escreveu algumas palavras afetuosas seguidas de bons conselhos. Um instante depois, os Espíritos acrescentaram que queriam festejar o aniversário do nascimento de Cristo com um fenômeno novo: uma chuva de pedras. Eles terminavam por convidar as pessoas presentes a pedir a Deus do fundo do coração para que ele lhes permitisse essa poderosa manifestação.

Está claro que os senhores Vincent, Berthelot e Godin não falaram mais em se retirar. Eles puseram-se todos a rezar até o momento em que Hillaire escreveu: "Atenção! A chuva de pedras vai começar". Imediatamente um barulho extraordinário ecoou por toda a casa; uma comoção violenta, um pouco semelhante àquela que produz um tremor de terra, fez-se sentir; o fluido mediúnico que escapava do corpo de Hillaire sacudia-o de tal forma que ele não podia se manter no lugar; ele levantava-se, sentava-se, caminhava a passos largos na sala, etc. De repente, um ruído seco fez-se ouvir, superando o barulho que até então se ouvia: uma pedra, que parecia ter atravessado o teto, caiu no solo e tudo voltou a ficar em silêncio.

Esses senhores, acreditando que o fenômeno tinha acabado, despediram-se de seus anfitriões e foram para casa. Eram cerca de nove horas. Mas, quando cada um chegou em casa, um pressentimento, uma voz interior impossível de não ser ouvida, forçou os senhores Vincent e Berthelot a novamente se colocarem no caminho de volta a Briou, onde chegaram por perto da meia-noite. Todos já estavam deitados há um bom tempo; nenhum outro fenômeno tinha ocorrido. A Sra. Vitet levantou-se, apressou-se em acender o fogo e oferecer uma boa cama a cada um dos dois viajantes. Só Berthelot aceitou, e o Sr. Vincent, apesar dos rigores da estação e do horário avançado, voltou para sua casa (em Fontaine-des-Marais), situada a cerca de seis quilômetros de Briou. Ele lamentou muitíssimo ter partido quando, no dia seguinte, tendo voltado logo ao nascer do dia para a casa do Sr. Vitet, soube que cerca de uma hora após sua partida e, quando todas as pessoas na casa estavam dormindo, os barulhos tinham recomeçado com mais estrondo ainda, e uma verdadeira chuva de pedras tinha caído sobre os ladrilhos da cozinha, deixando profundas cicatrizes nas vigas do assoalho. Vale notar que, àquela hora avançada da noite, todas as saídas da casa estavam totalmente fechadas e que, dessa forma, era materialmente impossível que as pedras tivessem sido jogadas de fora por alguém que quisesse fazer uma brincadeira. Além disso, essa casa de Briou é isolada, cercada por amplos quintais, vigiados por grandes e fiéis cães de guarda. Alguém estranho não se arriscaria, sem correr perigo, e todas as pessoas da casa estavam deitadas.

  Entre essas pedras, parecidas em todos os detalhes com os cascalhos que pavimentavam a rua, encontrava-se um antigo saleiro de terracota pintada e envernizada como porcelana, ao qual, de início, ninguém deu atenção, mas que o Sr. Vitet, pai, morador de Matha e que tinha vindo no Natal fazer uma visita a seu filho, reconheceu perfeitamente como um velho utensílio de família desaparecido há, talvez, mais de trinta anos. Na viagem que tive o prazer de fazer algum tempo depois a Sonnac, e que foi marcada por fenômenos dos quais falarei no próximo capítulo, vi algumas dessas pedras e o famoso saleiro que até hoje é conservado como uma preciosa relíquia.

  No dia 26 de dezembro, os senhores Vincent, Berthelot e Ard retornaram a Briou, a fim de tomar conhecimento de várias comunicações importantes, recebidas na véspera por Hillaire. No momento em que o Sr. Vincent aproximou-se de um velador sobre o qual estavam os papéis cobertos de escritura mediúnica, uma forte detonação fez-se ouvir e um forte clarão projetou-se sobre o velador. De início, todos os assistentes acreditaram tratar-se de uma causa puramente física: as crianças teriam deixado cair alguma cápsula de fuzil ou algum outro ingrediente inflamável que teria explodido sob os pés do Sr. Vincent, tal foi o primeiro pensamento de cada um. Na tentativa de confirmar isso, foram detonadas várias cápsulas, chegou-se mesmo a dar tiros de pistola e de fuzil; nenhuma detonação foi semelhante à primeira, e começou-se a acreditar que ela poderia ter sido produzida por uma causa puramente espiritual. As comunicações foram lidas e copiadas e, ao chegar a hora da refeição habitual, todos se sentaram em torno da grande mesa da família e cada um jantou com muito apetite. Apenas Hillaire não conseguiu comer; ele sentia-se ainda sob a influência dos Espíritos, um mal-estar geral reinava nele, e ele estava a ponto de sair, quando uma nova detonação, semelhante à primeira e, como ela, seguida de um clarão luminoso, aconteceu ao lado da lareira perto da qual estava sentado Oscar Vitet, o mais jovem dos filhos da casa. Dessa vez, somente o clarão luminoso, distintamente percebido por todos os assistentes, deslizou sobre os ladrilhos da cozinha e foi atingir um velador colocado num canto distante do aposento. Chegando ali, o clarão desapareceu de repente.

As pessoas esforçaram-se para achar um significado àquele novo fenômeno. Uma observação, entretanto, foi feita: é que as detonações e os clarões tinham partido, uma delas perto do Sr. Vincent, o mais idoso, e a outra perto do pequeno Oscar, o mais jovem de todos os assistentes; e chegaram à seguinte conclusão bastante razoável, do meu ponto de vista: que esse novo fenômeno, como tantos outros, tinha como único objetivo fortalecer a fé daquelas pessoas e acender em seus corações, desde o mais idoso até o mais jovem, a centelha divina do amor e da fraternidade que aquece as almas e prepara-as para a vida que está por vir.

A essa manifestação logo vieram se juntar outras maiores, o que levou alguns dos habitantes da região a dizerem que o moinho do Briou servia de morada habitual para o Diabo e seus acólitos, enquanto outros achavam que a família Vitet estava protegida pelos bons Espíritos de maneira providencial.

Os leitores poderão julgar qual dessas opiniões é a mais bem fundamentada:

No dia 31 de dezembro, Hillaire, estando em contato com os Espíritos, viu, primeiro separadamente, depois agrupados, os Espíritos simpáticos à família que o hospedava há algum tempo. Ao final de uma das comunicações, na qual ele recebeu por meio da escrita automática, foram descobertas essas palavras: "Vamos, meus filhos, se vocês forem sábios e se prepararem pela prece, amanhã nós faremos a sua estréia".

De início, não se deu muita atenção a essas palavras, e o primeiro dia do ano transcorreu sem que Hillaire tivesse a menor impressão mediúnica, até que ele, preparando-se para deitar, encontrou sob o lençol de sua cama três confeitos absolutamente semelhantes e colocados a cerca de um pé (aproximadamente 30 centímetros e meio) de distância um do outro. O espanto foi tão grande que só se pôde igualar ao reconhecimento que todos os assistentes sentiram em relação aos Espíritos amigos que vinham lhes oferecer uma nova prova de sua solicitude. O Sr. Vitet, sua esposa e Hillaire pegaram cada um desses confeitos e prometeram guardá-los cuidadosamente em memória de seus parentes falecidos. No entanto, passado o primeiro momento de entusiasmo, lamentou-se muito que apenas os adultos da casa tivessem sido festejados pelos Espíritos e que as duas crianças não tivessem recebido suas prendas; mas todos ficaram satisfeitos, pois as crianças, quando foram se deitar logo depois, encontraram dois novos confeitos no travesseiro de sua cama.

Cada um se deitou cheio de alegria e talvez nenhuma prece tenha sido tão ardente e mais cheia de reconhecimento e de amor que aquela que saiu naquela noite de todos aqueles corações, para subir até o trono de Deus.

Apenas o Sr. Vitet não foi deitar-se; por vários dias ele sofria horrivelmente de uma asma que o forçava a passar todas as noites em sua poltrona perto da antiga lareira. Por volta de uma hora da manhã, a Sra. Vitet, sentindo-se bruscamente despertada pelos Espíritos, levantou-se da cama e, olhando numa alcova diante da sua e na qual ficava a cama de Hillaire, viu este último num completo estado de êxtase. De sua poltrona, o doente também podia ver que ele parecia contemplar algo; sua figura estava radiante de felicidade. De repente, ele pegou uma prancheta, papel e lápis, sempre colocados junto a ele, e escreveu sem despertar: "Atenção, meus amigos, chegou a hora".

Imediatamente, ouviu-se algo como uma forte tempestade de granizos caindo sobre uma lanterna de vidros, e ao clarão tremulante da lamparina foi possível ver a cozinha coberta de pequenos objetos brancos. A Sra. Vitet levantou-se, acendeu as velas e todos olharam: eram confeitos da mais fina qualidade e das mais belas cores; todos se apressaram em pegá-los, contá-los e recontá-los. Havia de vinte e quatro. O Sr. e a Sra. Vitet estavam mergulhados na mais viva admiração quando Hillaire, sempre em êxtase, gritou: "Godinette, Godinette[21], sua mãe está do outro lado, no pequeno corredor, que me mostra ainda cinco em sua mão direita. Vá buscá-los, ela está fazendo um sinal para que você faça isso". Enquanto dizia isso, ele desenhava uma estreita passagem que serve de quarto de despejo. A Sra. Vitet pega a luz, procura no lugar designado e encontra quatro novos confeitos que coloca junto com os outros. Hillaire então desperta e, percebendo a luz na cozinha, pergunta se aconteceu alguma coisa, se o Sr. Vitet está mais doente, etc. As pessoas apressam-se em contar-lhe o que aconteceu; ele não quer acreditar e pergunta se estão zombando dele. Então, as pessoas mostram-lhe os confeitos, novamente lhe contam o que ocorreu e, recuperados enfim do profundo assombro no qual cada um tinha mergulhado, comem os confeitos, que acham excelentes.

Quatro ou cinco dias depois, a Sra. Vitet, limpando o corredor acima mencionado, encontra o quinto confeito visto por Hillaire na mão de sua mãe e que até então não tinha notado. Ele tinha a particularidade de ser totalmente diferente dos outros e parecia-se, pela forma e pela cor, com uma noz. Foi e ainda é guardado religiosamente pela família Vitet.

Foi na primeira semana de janeiro de 1864, que ocorreu uma nova contribuição nas seguintes circunstâncias:

Hillaire e a Sra. Vitet estavam indo juntos de Briou para Fontaine-des-Marais, para encontrar com o Sr. Vincent. Chegando a cerca de três quartos da estrada, que, como já foi dito, é de cerca de seis quilômetros, os dois viajantes foram ambos instantaneamente tomados por uma emoção indefinível e que logo se traduziu em lágrimas impossíveis de conter. Eles olharam um para o outro e, surpresos com esse excesso de sensibilidade que estava bem distante de sua

---

21. Nome pelo qual normalmente é designada a Sra. Vitet, cujo sobrenome de nascimento é Godin.

maneira de ser, começaram a rir disso e prometeram não comentar o assunto. Depois de chegarem à casa do Sr. Vincent, eles estavam conversando com esse último sobre os assuntos que os tinham levado até ali, quando Hillaire, colocando a mão no bolso de seu casaco para procurar alguns papéis que ele precisava enviar ao prefeito, encontrou um objeto que não conhecia. Todos observaram o objeto com curiosidade: tratava-se de um pequeno machado de açúcar; imediatamente o braço do médium foi sacudido por um Espírito que o fez escrever uma comunicação, na qual dizia que aquela machadinha estava destinada a seu neto Vitet, que era uma lembrança de sua antiga profissão, e que ele a tinha colocado no bolso de Hillaire no próprio instante em que a combinação do fluido mediúnico que ele tinha utilizado produzira neles aquela emoção instantânea que tanto os havia tocado. O Espírito assinou: Jean Vitet. Ele terminava prometendo que, com a permissão de Deus e a ajuda dos Espíritos superiores, produziria em poucos dias uma contribuição bem mais considerável. Esse Espírito, quando viveu na Terra, como avô do moleiro de Briou, tinha sido carpinteiro e além disso tinha exercido, apesar das perseguições clericais que não lhe tinham faltado nos tempos já antigos em que vivera, a... eu deveria dizer profissão... não... a faculdade de tocar, e era com seu machado que ele tocava, após tê-las medicado, as partes do corpo com as quais tinha acontecido um acidente.

Suas promessas não ficaram muito sem se realizar; tão logo Hillaire retornou a Briou, viu Jean Vitet em seu estado natural, apresentando a ele um buquê magnífico; ele queria pegá-lo, mas seus dedos, quando conseguiam tocá-lo, só tocavam um objeto imaterial, como o próprio Espírito. Durante cinco ou seis dias, a mesma visão repetiu-se nas mesmas circunstâncias; a cada vez o médium perguntava às pessoas que estavam com ele se elas viam esse rico buquê, e a cada vez a resposta era negativa. Enfim, uma noite, em 14 de janeiro, o Sr. Vitet, de novo doente e sem poder, por causa de sua pressão asmática, deitar-se na cama, estava sentado numa poltrona num canto junto à lareira, quando Hillaire viu Jean Vitet aparecer novamente, o buquê na mão; mas dessa vez com uma figura mais imponente, mais majestosa do que de costume. Ao lado dele estavam sentados dois outros Espíritos, Hillaire pai e Marie Gauthier, mãe do Sr. Vitet, que o acompanhavam com um castiçal na mão. No momento em que o médium se preparava para fazer suas perguntas habituais, o Sr.

Vitet sentiu-se de repente tomado por um mal-estar geral que o fez deixar a poltrona e forçou-o a dirigir-se, mancando, para a cama situada numa alcova no fundo da cozinha. Ele estava prestes a alcançar esta última, quando sentiu algo em sua mão; olhou; era o buquê tantas vezes visto por Hillaire. Este tinha visto os três Espíritos dirigindo-se para o doente, carregando-o de fluido, seguindo-o em seu caminho pela cozinha, com Jean Vitet por fim colocando o buquê nas mãos de seu neto.

Essa nova contribuição torna-se ainda mais notável quando se sabe que nunca na região se vira um buquê tão gracioso; é uma simpática reunião de cerca de vinte flores artificiais, quase todas de diferentes espécies, cujas nuanças se casam com uma graça admirável; as folhas, de fina cambraia verde, dourada ou prateada, envolvem o buquê e, pelo contraste, destacam admiravelmente o brilho de cada flor; enfim, o conjunto é enquadrado num desses papéis recortados tão comuns nos floristas de nossas cidades, mas que nunca tinham penetrado os pequenos vilarejos do fundo da Saintonge. Um ornamento que os mais hábeis artistas não saberiam imitar é o suave odor que exalava daquele buquê e perfumava todo o aposento; odor que se manteve durante mais de quinze dias, nos quais essa maravilha de requinte, de tato e de bom gosto permaneceu constantemente exposta à ação do ar.

Alguns dias depois de ter recebido esse presente, cujo valor cresce em razão da maneira como ele foi enviado, os espíritas de Briou receberam de seu avô uma longa comunicação, com recomendação de juntá-la ao buquê e de encerrar o conjunto num quadro, a fim de que isso servisse de testemunho àqueles que não tiveram a felicidade de assistir a fatos semelhantes. Um pouco mais tarde, e quando o quadro (verdadeiro móvel de nogueira feito com muito cuidado, eu diria mesmo com muita arte, pelo carpinteiro Mulon, testemunha da caminhada miraculosa de que falei no capítulo IX) foi terminado, o Espírito ditou uma segunda comunicação destinada a ser colocada, à guisa de coroa, em volta do buquê. Essa coroa foi motivo de uma nova manifestação, à qual não falta importância. Quando se tentou inscrevê-la de acordo com as indicações do Espírito, nunca se conseguiu fazer entrar o conjunto de maneira a que nada ficasse escondido, seja pelo quadro, seja pelo buquê; vinte vezes, talvez, recomeçou-se fazendo sempre algumas modificações; era inútil e as pessoas já estavam dispostas a desistir quando, um dia, Hillaire, que tal como os outros tinha tentado em vão, caiu, de repente, num sono magnético que não ocorria desde a chuva de confeitos e, pegando um lápis, anotou, de uma tacada só, a comunicação num pedaço de papel que ele cortou em seguida em semicírculo e que se revelou com a dimensão exata necessária para guarnecer o quadro; ela foi adaptada ao quadro e o buquê foi colocado no lugar que lhe fora destinado, de forma que nem uma palavra nem uma letra deixou de ficar perfeitamente visível. Essa comunicação foi passada a limpo a tinta, e colocou-se imediatamente um vidro no quadro que forma, hoje em dia, o mais belo ornamento do quarto de honra da casa habitada pela família Vitet.

Creio ser meu dever levar essas duas comunicações ao conhecimento dos meus leitores. É inútil, acredito, repetir novamente o que já disse sobre a pobreza do estilo de que os Espíritos se serviram; eu as apresento tal como foram recebidas, porém, tendo corrigido a ortografia.

Primeira Comunicação

Aí estão vocês, meus bons crentes, com a bandeira em pequeno formato na mão; sim, pequena, mas de um brilho tal que basta a vocês abrirem os olhos pela metade para perceber a bondade eterna. E vocês outros, incrédulos, podem abri-los totalmente; vocês, com certeza, não enxergarão muito claramente, porque a verdade irá ofuscá-los. E vocês querem ser do contra, de uma forma ou de outra. No entanto, vocês vêem na parte de cima desse escrito o que Deus nos permite trazer-lhes. Os versos tiveram o coração mais terno do que vocês; eles deixaram tomar ao Mestre o que lhe pertence de direito, antes de se apoderar do resto.

Mas o que significa essa comparação, pobres cegos!, posto que vocês não querem admitir a existência de Deus; e, no entanto, a hora final de vocês virá e vocês irão querer fazer sair de sua boca impura algo de bom para endereçar àquele que vocês tanto negaram. Infelizmente, se ele fosse tão mau quanto vocês, recusar-se-ia a escutá-los; mas, divino protetor, esquece tudo que vocês fizeram sair de ruim de seu coração e ainda envia conselheiros e amigos diante de vocês, para se encarregar de colocá-los no bom caminho.

Mas vocês não querem reconhecê-los, vocês os rechaçam e não querem empregar o pouco tempo que lhes resta para mudar de caminho. E o que vai acontecer com vocês? Anos colocados em estado de errantes e, depois, quando vocês começarem a reconhecer que estavam errados, pedirão uma nova encarnação. Ah, eis aí as penitências.

Então, todos vocês meus amigos, tratem de praticar as belas máximas que lhes anunciam aqueles que vocês consideravam perdidos para sempre. Este será o melhor meio de reencontrá-los. Trabalhem! Trabalhem! Seus trabalhos serão pagos, meus filhos.

Ah, incrédulos! Vocês vão dizer que esse objeto não foi enviado pelos Espíritos?... Vão dizer que é um buquê artificial, que eles compraram para fazer crer nos Espíritos e em suas manifestações. Mas, a quem vocês acham que prejudicam difamando assim seus irmãos? Infelizes, é a vocês que prejudicam, pois eles só se vingarão fazendo uma prece a Deus para que Ele esclareça vocês. Vamos, então, meus pobres pequenos contestadores, curvem a cabeça e humilhem-se diante da verdade. Abram os olhos, se querem ver; agucem os ouvidos, se querem ouvir. Quando tiverem feito esses esforços, vocês começarão a perceber que o que vem depois de vocês não é o nada; muito pelo contrário, vocês irão se inclinar diante da Providência, ainda que a tenham negado.

Eis os nossos votos, prezados filhos. Queremos que vocês todos confirmem, junto a esse buquê, com a mão na consciência, que estavam presentes ao surgimento dessa contribuição e que será para vocês uma lembrança imperecível. Pois ninguém deve lisonjear vocês o suficiente para que vocês possam lhe confiar esse objeto. Nós também vamos assinar, meus amigos.

Jean VITET, HILLAIRE pai, Marie
GAUTHIER, DELMAS, guia do médium.

Embaixo, lê-se:
"Nós, abaixo-assinados, certificamos, na condição de pessoas que se ocupam dos estudos espíritas, que no dia catorze do mês de janeiro de mil oitocentos e sessenta e quatro, tendo entre nós o médium vidente Hillaire, ele nos disse de repente: 'Ah!, se vocês vissem o que eu vejo, ficariam muito felizes, e eu também ficaria!' Indagado sobre o que via, ele nos disse que era um buquê que o

Espírito de Jean Vitet, nosso avô, tinha na mão. Ao ser perguntado se ele queria enviá-lo para nós, com a permissão de Deus, sua resposta foi: 'Fiquem atentos, meus amigos, o momento é chegado'. Foi por volta das nove horas da noite que tivemos a felicidade de ser testemunhas da contribuição desse querido buquê. Nós três assinamos, com a mão na consciência, que essa lembrança só nos deixará quando deixarmos este planeta.

Assinado: VITET filho, Marie GODIN, Jean HILLAIRE."

Segunda Comunicação

Ditada pelos Espíritos para desenvolver o buquê à guisa de coroa.

"Amigos, agucem seus ouvidos e abram os olhos para o rico objeto que Deus nos permitiu enviar àqueles que agem de boa-fé e rezam para Deus; sim, Deus, porque o divino Mestre é tão bom para seus filhos que lhes prova a imortalidade da alma por meio dessas poderosas manifestações.

"Assim, crentes, continuem a rezar para ele; vocês serão recompensados um dia, junto a ele.

Jean VITET."

"E vocês outros, incrédulos, terão de reencarnar; rezem, rezem, pois esta é a verdade.

HILLAIRE, DELMAS."

Tal como eu disse acima, o Sr. Vitet sofria horrivelmente de uma asma que, com freqüência, mantinha-o preso a uma poltrona. Após os fenômenos sobre os quais acabamos de ler, seu estado piorou a cada dia e, convencido de que o tratamento que seguia não lhe proporcionava nenhum alívio, ele quis consultar a Sra. X..., sonâmbula, cuja lucidez era muito elogiada na região. Esse projeto foi levado adiante sem o conhecimento de Hillaire, que não confiava nas faculdades da Sra. X..., e prometeram seguir as recomendações dadas por ela em sua consulta.

Mas, na mesma noite, Hillaire, caindo no sono magnético, viu o Espírito de Jean Vitet que proibiu a seu neto de seguir o tratamento dado pela sonâmbula que, embora lúcida por vezes, dizia o Espírito, não o era sempre e, a fim de ganhar seu dinheiro, receitava sempre alguma coisa. O Espírito acrescentou que ele próprio daria as informações e iria ditar, dentro de alguns dias, se Deus assim o permitisse, um remédio infalível. Cheios de uma confiança inquebrantável nas promessas de seu avô que, de resto, tinha lhes dado tantas provas de seu apreço e de sua simpatia, a família Vitet jogou no fogo a receita da Sra. X... e esperou o remédio prometido pelo avô.

A espera não durou muito. Por volta do final de janeiro, quando o estado do doente piorava cada vez mais, Hillaire recebeu no estado magnético as duas receitas seguintes:

Cataplasma

Ramos secos de horties
Folhas de espinheiro
Uma cabeça de papoula-dormideira
Queime, recolha as cinzas, misture com a farinha de semente de linhaça e faça uma cataplasma, que deve ser aplicada no peito durante três noites consecutivas.

Tisana

Raízes de primavera, 25 gramas
Raízes de paciência, 15 gramas
Raízes de dente-de-leão, 15 gramas
Erva-daninha, 20 gramas
Ferva tudo num litro de água e acrescente duas colheres de xarope de goma e o suco de uma metade de limão.

As ervas acima, colhidas na manhã seguinte nas cercanias da habitação, foram logo preparadas, seguindo as indicações do Espírito. O doente bebeu naquela mesma manhã uma tigela de tisana. Meia hora depois, estava curado e, a partir do dia seguinte, pôde ocupar-se de suas tarefas habituais. Como a cura foi completa, considerou-se desnecessário aplicar a cataplasma.

Desde então, a afecção não mais retornou e se, por vezes, um ligeiro resfriado surgia, um copo da tisana indicada era suficiente para dissipá-lo por completo.

Muitos amigos e vizinhos de Vitet e Hillaire usaram, desde então, esse remédio que sua simplicidade colocou na porta de cada um. O efeito produzido foi sempre admirável e instantâneo.

XII

Minha estada em Briou – O anel milagroso – Uma manifestação solene – Uma consulta

Como meus assuntos pessoais fizeram com que eu fosse em fevereiro último até a Charente-Inferior, a alguns quilômetros do vilarejo habitado por Hillaire, considerei adequado consagrar alguns dias ao exame dos locais nos quais eram produzidos tão rapidamente tantos fatos notáveis. Além disso, para levar a bom termo o trabalho a que me propusera, eu precisava buscar as fontes mais autênticas; precisava consultar, interrogar as testemunhas oculares; precisava, enfim, ver com meus próprios olhos, tocar com as mãos, por assim dizer, os fenômenos tão extraordinários dos quais eu me propunha oferecer a história como pasto à zombaria e ao sarcasmo de uma multidão incrédula, cética e materialista.

Os bons Espíritos pagaram-me de maneira pródiga o pouco de tempo que roubei aos negócios, produzindo diante de mim fenômenos cujo significado ninguém poderá contestar, a não ser que me atire à face o ultraje mais grosseiro que se pode atirar à face de um homem, dizendo: "Você está louco" ou "Você mentiu sobre isso". Mas, o que me importa, no final das contas, a opinião daqueles meus leitores que, com uma opinião fechada, rechaçam como absurdos todos os fenômenos que não compreendem! Que me importam os sorrisos zombeteiros de nossos sábios materialistas que, esquecendo os contínuos desmentidos oferecidos a seu sistema pelas inumeráveis descobertas, das quais o século dezenove se orgulha, protegem-se de forma altiva com esta frase arrogante: "Não sei, portanto não é" e, condenando-se a si próprios a essa imobilidade que mata, crêem haver atingido o apogeu das luzes, quando podem covardemente se deitar sobre uma cama de louros penosamente adquiridos; acreditam que são indispensáveis a qualquer nova ciência; acreditam que o progresso não poderia continuar sua caminhada sem vir humildemente lhes pedir a autorização! Seu sarcasmo, sua indignação, seus anátemas conseguirão fazer com que a verdade não seja verdade? Seu veredicto será mais infalível que aquele pelo qual se condenou o imortal Galileu? Do que aquele que fez com que Fulton fosse atirado na hedionda noite da cela de um louco?...

Deixo, portanto, a cada um a liberdade de me julgar. Àqueles que me dirão: "É impossível", responderei como Jaubert: "Isto é"[22]. Como, para mim, a afirmação daquele que viu vale a negação daquele que não viu, pouco me importo com a opinião dos homens e, imbuído da força que apenas a verdade pode fornecer, sigo o curso da história.

Hillaire estava morando em Briou quando cheguei ao vilarejo; instalei-me ali e fui acolhido como irmão. Nunca esquecerei a cordial hospitalidade que recebi durante cinco dias. Também nunca esquecerei a manifestação solene que ali me proporcionou aquela que foi minha mãe na Terra, da qual guardarei eternamente, no fundo do coração, a doce e preciosa lembrança; não vou falar sobre uma quantidade de pequenos fatos que entram no rol das visões ordinárias que já relatei aos leitores; pelo fato de que me tocam de perto, eles não iriam interessar àqueles que, sem me conhecer, não têm nenhuma razão para preferir meu testemunho àquele de milhares de outros. Vou me deter apenas nos fatos mais surpreendentes, naqueles cujo relato trará uma variedade nova a essa coleção já tão variada.

Uma sessão foi feita para mim, em Briou, num domingo, dia 21 de fevereiro de 1864, na presença de 43 pessoas. Eis aqui o relato, do qual uma parte já foi inserida na *Ruche Spirite Bordelaise*, n° 20, páginas 329 e seguintes:

"Depois de uma evocação geral endereçada a Deus e aos bons Espíritos, Hillaire caiu no sono magnético, sinal este que, no caso dele, sempre precede alguma manifestação importante. Nem cinco minutos tinham se passado quando o médium viu ao seu lado três Espíritos: 1) Catherine Begeon, mãe de um dos assistentes; 2) Felí-

---

22. *Réflexions sur le Spiritisme, les Spirites et leurs contradicteurs,* por J. Chapelot; página 90.

cia, de quem a Comunidade havia inserido as sublimes comunicações; 3) São Bernardo, o eminente guia espiritual da Sociedade Espírita de Saint-Jean-d'Angély. Catherine Begeon tinha na mão direita um anel e mostrava-o a Hillaire; São Bernardo e Felícia ajudavam-na com toda a força de seu fluido. Após alguns minutos de espera, Hillaire precipitou-se e, de um só golpe, estava já em cima da mesa[23]. Ele estendeu, então, as mãos e recebeu o anel tão desejado. Todos os assistentes puderam vê-lo; ele parecia ajustado à palma da sua mão direita, sustentado numa posição particular. Hillaire jogou o anel; ele caiu sobre a mesa, perto de mim, e, uma coisa incrível, ele não rolou, não correu sobre a mesa como o fazem os objetos desse tipo; permaneceu imóvel no lugar, como o teria feito um saco de moedas. Eu peguei o anel e examinei-o com muita atenção: era de ouro maciço e bem pesado; eu o fiz circular entre as pessoas da Sociedade que, por sua vez, apressaram-se em examiná-lo. Durante esse tempo, Hillaire conversava com os Espíritos já citados; ele perguntou-lhes, de início, se esse anel estava petrificado, depois, se era realmente material, se não iria desaparecer da mesma maneira que tinha surgido. Satisfeito com as respostas dos Espíritos, ele pediu-lhes que dissessem a quem o anel estava endereçado. Desceu então da mesa, sentou-se, pegou papel e um lápis e, sempre dormindo, escreveu mecanicamente estas palavras:

"É para você, caro Hillaire, para que o guarde pelo resto da sua vida.
Catherine Begeon."

Depois de ter agradecido ao Espírito pelo belo presente que acabara de receber, Hillaire perguntou em que dedo deveria usá-lo. O anel, nesse momento, tinha voltado para minhas mãos; Hillaire, num movimento mecânico, estendeu-me seu braço esquerdo e apontou nele o dedo anular. Coloquei nele o anel, que Hillaire beijou, agradecendo novamente aos Espíritos e a Deus, o Mestre de todas as coisas, por ter permitido que ocorressem aqueles fatos tão impressionantes para convencer os homens da existência da alma, de sua imortalidade e de sua individualidade. O anel era muito grande para

---

23. Esse movimento, esse salto, por assim dizer, feito por um homem adormecido, ocorreu em tais condições que seria necessário um grande talento de ginástica para executá-lo num estado normal. As pessoas que conhecem Hillaire sabem que essa arte é-lhe totalmente estranha.

o dedo designado, nem mesmo o polegar conseguiria preenchê-lo, e ouvi vários dos assistentes fazerem em voz alta essa reflexão, que eu mesmo tinha feito mentalmente: "Dessa vez, os Espíritos enganaram-se, não tiraram direito a medida". Depois de duas novas tentativas, Hillaire tirou o anel e fez com que ele fosse passado aos assistentes, que puderam examiná-lo à vontade; a cada vez que ele retornava para as mãos do médium, ele olhava-o sempre adormecido, beijava-o, colocava-o no dedo e novamente o deixava. Mas quando o colocou pela terceira vez no dedo designado pelo Espírito, o anel não mais pôde sair dali: ele tinha se encolhido instantaneamente. Em seu sono, Hillaire fazia esforços extraordinários para retirá-lo, não conseguia, e as pessoas já estavam começando a temer que seus esforços pudessem provocar algum acidente com o dedo, quando de repent,e Hillaire, avançando na direção de um dos assistentes que ele foi buscar no meio da sala, estendeu-lhe vivamente a sua mão esquerda, dizendo:

"Vamos, incrédulo, já que você ainda duvida, tire você mesmo esse anel!"

A pessoa, assim interpelada, pegou o dedo de Hillaire e, tentando tirar o anel miraculoso, só conseguiu lhe esfolar a pele da falange. Ela tornou-se pálida de emoção, o suor escorria de sua fronte, e logo ela disse:

"Senhores, todos vocês me conhecem, sou Bâtard, da Fazenda; bem, nesse momento em que Hillaire me interpelou, eu estava pensando comigo mesmo que ele não ia conseguir tirar o anel. Os Espíritos ouviram meu pensamento e eu me rendo à evidência desse fato."

Agradeci ao sr. Bâtard por sua franqueza; a emoção atingiu o ponto máximo. De repente, Hillaire levantou-se, abriu passagem entre as cadeiras que enchiam o aposento, foi a um quarto vizinho e, sempre adormecido, voltou um instante depois trazendo nos braços o imenso quadro que continha o buquê e as comunicações ditadas pelos Espíritos (esse quadro, normalmente colocado sobre a lareira do cômodo em que estávamos, tinha sido retirado por Hillaire antes da sessão, pois este não queria mostrá-lo a todo mundo). Ele colocou-o sobre a mesa e, pegando um lápis, escreveu: "Ard, leia as comunicações e mostre o buquê ofertado pelos Espíritos. A verdade não deve ser mantida oculta".

O sr. Ard obedeceu; cada um admirou o presente magnífico do avô Vitet e depois que, do maior ao menor, do mais rico ao mais pobre, cada um o tinha beijado, Hillaire levantou-se novamente, pegou o quadro e recolocou-o no lugar de costume.

Ele sentou-se em seguida, viu ainda alguns Espíritos e logo se levantou. Só então soube o que lhe tinha acontecido. Contamos a ele as diversas peripécias daquela sessão, tão instrutiva sob vários pontos de vista; sua surpresa, sua emoção não foram um dos fatos menos destacados daquela noite feliz. Ele ficou impressionado, principalmente, quando lhe mostrei o quadro que ocupava de forma majestosa seu lugar na chaminé; chegou mesmo a zangar-se e perguntou irritado por que ele tinha sido exposto aos olhos de todos os presentes. Fizemos todo o esforço do mundo para convencê-lo de que ele próprio o tinha trazido por ordem dos Espíritos.

Assistiam à sessão, além de numerosas pessoas que não tenho a honra de conhecer, os senhores Vincent, prefeito de Sonnac, Ard, professor, Berthelot, Héraut, Roby, Bâtard, a família Vitet, Vitet pai, Godin, Ballanger, etc., todas pessoas muito respeitáveis e dispostas a afirmar os fatos que se produziram diante delas.

Na mesma noite, depois da sessão, Hillaire, então completamente desperto, viu o Espírito do venerável São Bernardo; de sua mão direita saía uma corrente fluídica que vinha até o anel; sob sua ação, este encolhia ainda mais e lhe apertava o dedo; depois a corrente pareceu agir em sentido contrário, ou seja, o anel voltou ao seu estado normal, grande o suficiente para não machucar o dedo, pequeno o suficiente para não cair.

Dois dias depois, tendo sido Hillaire convidado a ir à casa do Sr. Ballanger, proprietário nas Vignes, viu vários Espíritos e caiu novamente no sono magnético. Terminada a sessão e, enquanto as pessoas começavam a se dispersar, Hillaire estava tranqüilamente sentado perto da lareira, quando os presentes ouviram o barulho seco de algo batendo numa mesa. No mesmo instante, o médium levantou-se animadamente e exclamou, com uma emoção inexprimível: "Quem pegou meu anel?" Olhamos, e o anel tinha desaparecido de seu dedo. Depois de algumas buscas, encontraram o anel sobre a mesa, que estava muito distante de Hillaire, e devolveram-no a ele. Hillaire beijou-o novamente, com a efusão de alguém que reencontra um objeto precioso depois de considerá-lo perdido para sempre, e recolocou-o sem dificuldade em seu dedo. Quiseram tirá-lo novamente, mas foi impossível: os Espíritos, a fim de fornecerem provas palpáveis a três fervorosos espíritas que não tinham podido assistir à sessão de Briou, renovaram diante deles esse curioso e notável fenômeno.

Tal como afirmei acima, a emissão dessa imensa quantidade de fluido necessário para produzir tais manifestações enfraqueceu consideravelmente o corpo de nosso médium. Depois de cada sessão, um repouso absoluto ser-lhe-ia indispensável para reparar as perdas enormes experimentadas pelo seu organismo; mas os Espíritos, o tempo todo desejosos de fornecer provas evidentes de sua presença em meio a nós e encontrando a seu serviço um instrumento tão dócil e maleável, nem sempre consultam as forças de seu intérprete e, por vezes, abusam de sua faculdade. Na época de que falo, Hillaire estava esgotado de cansaço. Emocionado, não sem motivo, por três ataques sucessivos dos quais fora objeto por parte de inimigos que não tinha conseguido reconhecer, uma grande inquietude tinha tomado conta dele e, há mais de um mês, comia pouco e dormia menos ainda. Assim, ele estava muito fraco e a sessão que acabei de descrever tinha roubado o que lhe restava de energia.

Imbuído da idéia de que o repouso lhe faria um grande bem, eu tinha decidido, no dia seguinte à doação do anel maravilhoso, passar a noite o mais tranqüilamente possível no meio da excelente família Vitet. O frio estava muito forte; a neve, que na véspera e na antevéspera tinha caído em grandes flocos, endurecia sob o efeito de uma atmosfera glacial; tudo parecia favorecer meus projetos. Sentados todos juntos em volta de um imenso braseiro, conversávamos calmamente e, longe de provocar novos fenômenos, eu buscava, ao contrário, rechaçá-los, divertindo o grupo com uma conversa leve que sempre girava em torno de temas totalmente estranhos aos Espíritos e a suas manifestações. Hillaire já presenciara a aparição de vários Espíritos que me são caros; minha boa e terna mãe, sobretudo, já tinha me dado por seu intermédio provas irrecusáveis de sua identidade; tinha até mesmo assinado uma de suas comunicações com seu primeiro nome, totalmente desconhecido do médium, e o tinha escrito com uma letra idêntica à que ela tinha, quando ainda estava em seu corpo. Eu estava totalmente satisfeito e meu único e grande desejo consistia em ver Hillaire refazer-se inteiramente dos abalos violentos causados pela sessão da véspera.

Meus anfitriões compreenderam perfeitamente minhas intenções e fizeram todos os esforços para me ajudar. Falamos muito sobre

Bordeaux e seus arredores; seus teatros, seu jardim público, suas igrejas, seu museu, suas estátuas foram os temas da conversa; falamos também de mecânica, escultura, arquitetura; depois vieram os cavalos, os cães, a caça, a agricultura, todos os tipos de gado e, por fim, não sei como, falamos sobre o magnetismo e Hillaire contou-nos que um de meus amigos de Bordeaux, um poderoso magnetizador, não tinha conseguido fazê-lo adormecer. Rindo, tentamos magnetizar uns aos outros, e a alegria já tomava conta de nossos rostos quando vi que, de repente, Hillaire encostava a cabeça na cadeira e adormecia profundamente. Todos nós achamos que ele havia sofrido a influência dos passes magnéticos que eu tinha dirigido a ele e imediatamente tentei despertá-lo. Mas sua mão direita, bastante agitada, fez sinal de que ele queria escrever; deram-lhe papel e lápis, e um Espírito, o de minha mãe, comunicou-se com ele e, de início, informou-nos que o sono magnético no qual Hillaire tinha mergulhado se devia apenas à influência dos Espíritos. Minha mãe terminava dizendo para não nos preocuparmos com o médium, porque os bons Espíritos, que o tinham feito adormecer, saberiam acordá-lo, quando fosse necessário. De comum acordo, pedimos aos Espíritos para não cansá-lo e acordá-lo o mais breve possível; mas as coisas não iriam ocorrer dessa maneira.

    Logo Hillaire levantou-se, assumindo a postura sentada, viu minha mãe e, estendendo os braços, gritou: "Oh, bom Espírito, onde você me levou?" Dizendo essas palavras, caminhou através da cozinha, entrou em seu quarto de dormir e, sempre conversando com o Espírito, partilhou conosco as sensações que experimentava; o Espírito fazia-o viajar por países desconhecidos. Logo chegaram a montanhas cobertas de neve. O tempo era terrível, o vento soprava com extrema violência e os turbilhões de neve que ele erguia à sua passagem vinham fustigar a figura de Hillaire. "Oh, que frio!", gritava ele, e sua voz tiritava; todos os seus membros tremiam e ele escondia suas mãos nas cobertas da cama; depois foi se encolher num canto e tiritou durante mais de dez minutos como um homem exposto aos maiores rigores do frio. De repente, levantou-se e disse ao Espírito: "Para onde você me conduz, caro Espírito? Que cidade é essa?"

Nossa região

Voltando-se, então, para a direita e tiritando sempre, ele acrescentou: "Oh, bom pai! Quem me entende aqui, quem me entende?... Ah, como sinto frio!..."

E seu braço, guiado por uma mão invisível, veio pousar sobre meu ombro. Peguei sua mão, ela queimava; prova irrefutável de que apenas o Espírito, desprendido do corpo, experimentava a sensação de frio e transmitia sua lembrança somente para este último. De fato, eu compreendia Hillaire: o vilarejo onde nasci e onde minha mãe deu seu último suspiro está situado no cume dessa cadeia de montanhas que, separada dos Pireneus pelo desfiladeiro de Naurouze, dirige-se para o norte onde começa a imensa cadeia de Cévennes. Na época em que estávamos e, a julgar pelo frio que fazia em Briou, região de lugares planos, onde o clima é bem mais temperado, devia fazer um tempo horrível na minha terra natal, o que explicava muito bem as sensações do médium.

Mas logo a manifestação foi ainda mais espetacular. Sempre conduzido por seu guia invisível, Hillaire entrou no vilarejo, viu uma casa e descreveu para mim nos mínimos detalhes. Era a casa paterna. O Espírito entrou nela com o médium. De repente, Hillaire gritou: "Oh! Que vejo eu, num quarto, no primeiro andar, que dá para o quintal!... Bom Espírito, não me engane! Que cadáver é esse ricamente vestido? Oh, como é bonito!... Ele parece sorrir..."

Diante dessas palavras, uma emoção, que será fácil de compreender, tomou conta de mim; eu me perguntava muito perturbado se o médium iria me comunicar a morte de algum dos meus parentes, quando este, pegando lápis e papel, escreveu sobre a cama: "Não tenha medo, meu filho, esse cadáver é o meu."

Hillaire, então, fez-me a descrição dos locais, identificou todas as pessoas que estavam na casa, recordou-me, enfim, com os mínimos detalhes, tudo que acontecera, havia nove anos, quando da morte de minha mãe. Tudo, até mesmo as últimas palavras pronunciadas por ela e endereçadas a mim, o único de toda a família que estava fora de casa nesse momento solene. Essas palavras, que me foram comunicadas por parentes e que logo anotei num livro que pertencera a minha mãe querida, eram as seguintes: "Diga a meu Auguste que se lembre de sua mãe e que suas últimas palavras são estas: 'Meu filho, tema a Deus e obedeça seus mandamentos'". Um instante

depois, Hillaire viu a mim mesmo entrando no quarto mortuário, aproximando-me da cama e beijando o cadáver. Depois, escreveu estas palavras: "Oh, meu filho, ainda que você soubesse perfeitamente da minha morte, pareceu a você, quando me viu, que eu vivia ainda, que eu dormia sorrindo, e foi apenas pelo contato de seus lábios com minhas faces geladas que a terrível verdade novamente se apresentou a você."
Devo declarar aqui: "Todos esses fatos são verdadeiros".
O que é mais notável é a repetição das últimas palavras de minha piedosa mãe. Em fevereiro de 1862, quando ouvi falar do Espiritismo pela primeira vez e, incrédulo, cético e zombador, assisti a uma sessão, evoquei minha mãe por meio de um médium psicógrafo de quem, pelo menos, apreciei a excelente faculdade. Eu pedia a ela que repetisse, como prova de sua presença real, as palavras que tinha pronunciado para mim antes de morrer. Responderam-me que ela não poderia fazê-lo naquele momento e que, além disso, eu mesmo era médium e que, mais tarde, não me faltariam provas palpáveis da manifestação das almas; que ela faria todos os esforços possíveis para fazer vicejar em meu coração uma fé e uma convicção ardentes. Eu pedi-lhe, então, que se comunicasse comigo. Minha mão traçou linhas estranhas, caracteres disformes que, depois de três ou quatro dias de tentativa e de perseverança, deram lugar a palavras, depois a frases que formaram discursos inteiros. Tornei-me médium. Várias vezes, minha mãe comunicou-se comigo e, seja por meio dela, seja por meio de Espíritos simpáticos, as provas não me faltaram; mas eu não pensava mais em lhe pedir a repetição dessas últimas recomendações que sua lembrança sagrada tinha gravado em traços indestrutíveis no fundo do meu coração. Ora, foi em Briou, a cento e quarenta léguas da minha terra, nove anos depois de sua morte, que essa boa mãe fez me assistir de novo a cenas íntimas e cumpriu amplamente as promessas que me fizera em Bordeaux, dois anos antes.

    Mãe querida, você que, tenho certeza, inspira-me nesses momentos em que minha mão trêmula traça essas palavras emocionadas num papel molhado de lágrimas, você que do espaço onde vive, ainda que invisível, vela por toda a família, consola, protege e apóia teus filhos, oh!, permita-me agradecer-lhe de ter querido dar-me provas tão poderosas da sua intervenção nas coisas que acontecem conosco. Mas eu ouço você, ouço uma voz interior que ecoa em meu coração e me diz: "Não me agradeça, meu filho, agradeça a Deus, o

Mestre de todas as coisas, é Ele que me permitiu vir até você. Possa essa manifestação abrir os olhos de alguns incrédulos! Coragem, filho querido, coragem! Não tenha medo do ridículo. Você será alvo de zombaria!... Que importa!... Cristo também não o foi? Proclame toda a verdade em alto e bom som. É o seu dever, Deus fará o resto".

Obrigado, mãe!... Eu obedeço a você e continuo meu relato, interrompido um instante pelo meu reconhecimento.

Depois que o Espírito de minha mãe me deu muitos conselhos, Hillaire exclamou novamente:

"Aonde você me leva ainda, caro Espírito?" E recomeçou a tremer por inteiro, a tiritar, a ranger os dentes mais forte e por mais tempo que da primeira vez. A região que ele percorria era muito arborizada e mais selvagem ainda que aquela pela qual tinha chegado. O tempo está bem mais feio. Descrever as sensações que o médium experimentou e exprimiu seria algo impossível, a que renuncio. Ele repetiu sua pergunta e escreveu:

"Para sua irmã Marie, com doze anos de idade, que tive a infelicidade de perder tão cedo."

É preciso dizer que tenho uma irmã dessa idade e com esse nome e que, desde a morte de nossa mãe, mora na casa de nossa avó, a algumas léguas do meu vilarejo? É preciso acrescentar que a estrada a percorrer para ir de Lacaune a Labastide-Rouayrouz, os dois locais no departamento do Tarn, passa por montanhas abruptas e cobertas de neve durante metade do ano? É preciso repetir de novo esta fórmula que por tantas vezes empreguei: Tudo é verdade?

Após essa segunda viagem, Hillaire caiu num sono mais profundo. Descansou tranqüilamente durante alguns minutos e depois, sem despertar, continuou a me transmitir, pela escrita, conselhos vindos de minha mãe. Ela o fez escrever: "Adeus, meu filho, não posso prolongar por muito tempo essas manifestações, o médium está muito cansado, não encontro mais nele o fluido necessário, vou acordá-lo. Lembre-se de sua mãe e desses barulhos com que finalizo".

No mesmo instante, barulhos muito fortes soaram acima de nossas cabeças, no quarto onde eu dormia desde a minha chegada. Parecia uma cadeira caminhando com grande ruído sobre o assoalho. Hillaire escreveu ainda: "Peguem as luzes e confirmem que esses ruídos não podem ser atribuídos a nenhuma outra causa." O médium foi instantaneamente despertado. Subimos todos, o Sr. e a Sra. Vitet, Hillaire, Mulon e eu, examinamos com atenção e nada vimos. Tudo estava na mais perfeita ordem.

Essa manifestação tão comovente tinha durado cerca de duas horas.

Fui me deitar e, do fundo do meu coração, agradeci a Deus e à minha mãe esses novos fenômenos e pedi-lhes que aliviassem Hillaire. Minha prece foi exacerbada. Ele repousou tranqüilamente. No dia seguinte, estava melhor.

Alguns dias depois de minha partida de Briou, Hillaire caiu seriamente doente. Durante mais de um mês, seus parentes e amigos temeram por sua vida. Totalmente privado de sono e recusando qualquer espécie de alimento, seu corpo abatia-se a cada dia e logo ele foi forçado a ficar o tempo todo na cama. Seus amigos cuidaram dele com o carinho da mais devotada mãe. Durante muito tempo, eles não deixaram nem por um instante a sua cabeceira, alternando-se e mantendo uma vigília junto a ele. Hillaire nada tinha perdido da sua alegria, seu espírito era sempre livre e ele era o primeiro a tranqüilizar seus amigos e encorajá-los. Uma única coisa deixava-o contrariado: era que ele quase não via mais os Espíritos.

Os Espíritos, no entanto, não o tinham abandonado, como logo veremos, mas, sabiam da fraqueza de seus órgãos e evitavam cansá-lo com novas manifestações que iriam acabar de abatê-lo.

Todo o mês de março se passou nessa posição penosa. O estado de Hillaire piorava progressivamente quando, uma noite, nos primeiros dias de abril, aqueles que estavam cuidando dele viram-no fechar, pouco a pouco, as pálpebras e mergulhar num sono profundo. Havia mais de um mês que ele não dormia. Pensaram que se tratava de uma crise feliz, a esperança começou a entrar nos corações.

Mas logo um medo terrível tomou seu lugar: Hillaire acabava de sentar-se na cama e, sempre adormecido, pedia, com a voz e gestos apressados, papel e uma prancheta pois, dizia, queriam que ele escrevesse. Percebemos, então, que ele tinha caído naquele sono sonambúlico de êxtase, que não mais acontecera desde a aparição de minha mãe, e tentamos acalmá-lo, chegando mesmo a pedir aos Espíritos e a Deus, o Mestre Soberano, que impedissem uma manifestação da qual temíamos terrivelmente as conseqüências, mas foi tudo inútil. A prancheta, o lápis e o papel foram-lhe, enfim, trazidos e, com mão rápida, Hillaire escreveu algumas palavras cheias de uma doçura que dissipou o medo de todos os presentes. Depois, ele gritou dizendo que estava vendo um Espírito e disse: "Ah, tranqüilizem-se, é meu anjo doutor, ele vem para me curar." Imediatamente, vimos Hillaire abrir sua camisa e auscultar a si mesmo com muita atenção. Os dedos da sua mão direita passaram em revista todas as partes de seu corpo, começando pelo alto da cabeça. Ele parecia escutar atentamente os sons quase imperceptíveis produzidos pelo choque dos dedos sobre as partes ósseas. Os presentes, maravilhados e trêmulos, olhavam em profundo silêncio quando, de repente, o doente começou a dar gritos assustadores; ele contorcia-se em horríveis convulsões, parecia que alguém o submetia a uma cirurgia das mais dolorosas. Sua mão batia sobre seu lado esquerdo, um pouco abaixo da região do coração. Por várias vezes seus dedos percutiram o local mencionado e, a cada vez, os mesmos gritos recomeçavam. Durante um bom tempo, Hillaire passou a mão na cabeça como alguém que está refletindo, que combina, que hesita. Por fim, ele tinha pego seu lápis e começava a escrever, quando parou de repente e disse: "Não, não quero assumir sozinho a responsabilidade; quero uma consulta"; e depois acrescentou: "Meu anjo doutor foi embora" e, deitando-se de novo, dormiu tranqüilamente.

Mas nem cinco minutos tinham se passado quando ele acordou de novo, gritando: "Ele voltou!... Vejam, agora são dois..." E ele recomeçou a operação que já tinha sido feita uma primeira vez. Os mesmos movimentos, as mesmas batidas, os mesmos gestos, os mesmos gritos, as mesmas contorções até que sua mão parou abaixo da região do coração. Então uma cena tão instrutiva quanto curiosa desenrolou-se diante dos assistentes boquiabertos. Os dois doutores não estavam de acordo e uma longa discussão saiu da boca de Hillaire. Durante cerca de vinte minutos, houve um desfile ininterrupto de palavras técnicas entremeadas de nomes em latim e grego, as quais ninguém conseguiu entender. Discussão tão inútil quanto animada, pois os dois doutores não chegaram a um acordo e partiram para chamar um terceiro.

Quando este chegou, a auscultação recomeçou, sempre seguida dos mesmos movimentos e logo começou uma discussão, desta vez bem mais calma, sobre a doença que atingira Hillaire. Os presentes, que escutavam na mais absoluta concentração todos esses discursos, incompreensíveis para eles, puderam perceber que a voz do médium se modificava cada vez que um interlocutor diferente tomava a palavra. Enfim, compreenderam que os três doutores tinham acabado por entrar num acordo e logo viram Hillaire escrever uma receita. Depois, ele acordou esgotado.

Os Espíritos receitaram-lhe uma infusão de vinte plantas: flores, folhas, galhos, raízes, das quais indicavam as quantidades que o doente deveria tomar várias vezes ao dia até a cura completa.

No dia seguinte, os ingredientes foram recolhidos no campo, a infusão foi feita, Hillaire tomou-a duas ou três vezes e seu estado pareceu melhorar. Na noite seguinte, ele dormiu um pouco; quatro ou cinco dias depois entrou em plena convalescença e logo sua saúde foi totalmente restabelecida.

Eu o vi no dia 25 de abril: ele estava com bastante apetite, dormia bem, seu corpo tinha retomado sua robustez e vigor de costume, e os Espíritos manifestavam-se nele sem cansá-lo muito.

Conclusão

Eu não poderia terminar este livro sem dirigir algumas palavras a cada uma das três categorias de leitores que ele irá encontrar em seu caminho. Ele terá, de início, os espíritas, que compreenderão todo o alcance dos fatos que relatei e agradecerão a Deus por ter permitido às almas dos falecidos oferecerem aos homens provas tão poderosas de sua intervenção na vida deste mundo e de sua presença no meio de nós; provas tão patentes, tão irrefutáveis da imortalidade da alma e da existência do Ser Supremo. O materialismo tenta, inutilmente debater-se, tenta produzir milhares de sistemas para explicar os fenômenos que não mais pode negar; toda sua construção desmorona ao simples contato com os fatos. Ele foi vencido e a humanidade, certa, enfim, da existência de uma vida por vir, persuadida de que a vida aqui embaixo não passa de uma viagem mais ou menos rápida, irá preocupar-se menos com as coisas terrenas e, desmaterializada apesar dela, irá preparar-se para tomar posse da imensidade, sua pátria. O orgulho e o egoísmo não terão mais razão de ser e serão substituídos pela mais completa caridade, pela mais cordial fraternidade. Pouco a pouco desaparecerão as castas que dividem os homens: ricos e pobres, grandes e pequenos, brancos e negros, amarelos e vermelhos; todos saberão que não somente vieram de um mesmo pai, mas, mais do que isso, que um dia serão tão belos, tão brancos, tão ricos quanto aqueles cuja beleza, brancura, riqueza despertam sua inveja. Compreenderão, por fim, que essa matéria bonita ou feia da qual eles são transitoriamente recobertos não passa de um frágil envoltório do qual se desvencilham no momento da morte para se lançarem radiantes rumo aos céus. Então, não mais haverá inimizades, não mais haverá ódios; em toda a superfície terrestre os homens irão unir-se num abraço fraternal e colocarão em prática estas belas palavra de Cristo: "Amai-vos uns aos outros." A regeneração da humanidade acontecerá.

Com efeito, o materialismo, ao destruir a idéia de uma vida por vir, ao ensinar aos homens que todos seus esforços devem ser dirigidos para proporcionarem a si mesmos a felicidade na Terra, oferecendo o nada como única compensação às agruras da vida aqui embaixo, joga por terra todas as aspirações que Deus colocou em nossos corações. Sob seu império nascem a ambição, o egoísmo, o orgulho, sempre insatisfeitos. A exploração do homem pelo homem organiza-se sobre a mais vasta escala; ninguém pode escapar a seus golpes: ou a pessoa torna-se um explorador ou então deve resignar-se a ser explorada. Ao temer apenas a lei terrestre, o homem acredita que pode tudo, contanto que seja bastante feliz ou astuto para escapar aos golpes dessa lei. E, quantas vezes ele aceita, com sangue-frio, uma leve ignomínia se está certo que esse é o preço para obter a fortuna e as honras, se está certo que poderá satisfazer tranqüilamente as paixões brutais que atormentam seu coração e, dominando-o sem piedade, rebaixam-no ao nível da própria brutalidade.

"Vamos comer e beber, porque amanhã vamos morrer", este é o lema dessa doutrina nociva que tantas inteligências desviadas do caminho tentam disseminar cada vez mais entre as massas. Daí vem esse horrível caos no qual está mergulhada a sociedade; daí vem essa terrível epidemia que cobre o século XIX de loucos e de suicidas.

Porque, no meio desses homens sem alma que pululam sobre a superfície terrestre, agitam-se, aqui e ali, alguns corações nascidos para o belo, para o verdadeiro, para o justo; alguns homens de elite que buscam ardorosamente a verdade. Infelizmente, muitas vezes suas buscas são vãs e seus espíritos, depois de terem acariciado por longo tempo uma doce ilusão, caem, sem nenhuma transição, do alto de sua cara esperança nos antros mais profundos da cruel decepção, debatem-se em vão contra as pressões terríveis do desencorajamento que, quase sempre, conduz ao desespero. E do desespero para a loucura e o suicídio é só um passo.

Ao nos fornecerem provas patentes e materiais da imortalidade da alma e de sua individualidade; ao nos demonstrarem de maneira clara, nítida, precisa, sempre apoiada em fatos irrefutáveis e ao alcance de todos, que nossa estada na Terra não é mais que uma passagem tão rápida quanto o relâmpago que corta a nuvem; ao nos ensinarem que nossa pátria é o Espaço; nossa vida, a Eternidade, as manifestações espíritas e a sublime doutrina que delas surgiu vêm esclarecer com sua luz resplandecente as obscuras catacumbas nas quais o orgulho humano tinha enterrado a verdade.

Fizeram muito alarde a respeito de alguns casos isolados de loucura que, digamos, teriam sido causados pelas aparições dos mortos, ou mesmo, simplesmente, pela idéia da possibilidade onde estamos de nos comunicarmos com eles. Mas muito pouco se falou da inumerável quantidade daqueles que foram atirados aos hospícios pelo quadro amedrontador das chamas eternas ou pelo glacial horror do vazio!

Quantas mães chorando por seus filhos adorados! Quantas mulheres gemendo sobre o túmulo de seus amados maridos! Quantas crianças chorosas buscando por toda parte suas mães sem encontrá-las sentiram, de repente, suas lágrimas esgotarem-se e seus lábios franzirem-se, insensatos, pelo riso ruidoso da horrível loucura!

Um espírita verdadeiro não saberia temer um transtorno semelhante. Ele sabe que esta vida é uma vida de provas, de expiações e de sofrimentos; esses bens aos quais o homem carnal se agarra com tanto ardor, ele considera-os como um depósito sagrado que Deus colocou em suas mãos e que Ele, Deus, é livre para pegar de volta; a morte deste "rei dos pavores" dos materialistas é para ele o anjo da libertação, a carta de alforria que o lembra do exílio e reabre-lhe as portas da pátria-mãe; e ainda que essas cruéis pressões, castigando o corpo de um pai, de um irmão ou de um filho querido, permitam a esse Espírito amado voar para os Céus, sem dúvida ele sente em seu coração as angústias da separação – o exilado que permanece no exílio não se ressente ao ver partir o navio que leva para a liberdade seu companheiro de cativeiro? – mas sua dor é menos amarga, porque ela é temperada pela certeza da felicidade daquele que se vai e, se ela fosse muito forte, ele a consideraria como um insulto a Deus, uma prova de ingratidão em relação a seu benfeitor.

Assim, essa doce influência já se faz sentir de forma poderosa, e pude ouvir com meus próprios ouvidos uma mãe chorosa exclamar: "Oh, Deus, obrigada, o Espiritismo veio em minha ajuda, ele me trouxe meu filho. Sem o Espiritismo, eu teria enlouquecido."

É verdade, no entanto, que a história, trazendo à nossa lembrança algumas das manifestações do além que parecem ter desempenhado um papel qualquer nos destinos das nações, ensina-nos que, por vezes, elas causaram uma devastação sobre a inteligência de certas pessoas. Mas, se isso acontece, e eu não poderia negá-lo, só se pode atribuir esses efeitos nocivos à ignorância completa em que estávamos em relação à natureza das causas que poderiam produzir essas aparições, que as consciências, com muita freqüência atemorizadas por horríveis remorsos, atribuíam ao Príncipe das Trevas. Assim, o Espiritismo, ao estudar esses fenômenos, até então apontados como sobrenaturais e incompreensíveis, e, ao classificá-los no campo das coisas mais simples, veio prestar um imenso serviço à humanidade inteira.

Espíritas, meus irmãos, estudem, portanto, com afinco, com coragem, com fé. Não se deixem desencorajar pelos gritos de guerra de seus numerosos inimigos. Quanto mais furiosos eles são, mais devemos pressentir sua derrota.

"Infelizmente", dirão alguns de vocês, "eu creio, mas eu queria ver. Há muito tempo eu pesquiso, estudo e ainda não tive a felicidade de assistir com meus próprios olhos a um único fenômeno cuja origem seja realmente incontestável."

Que importa? Não se deixem desencorajar; tenham fé e rezem. Escutem essas sublimes palavras de Jesus: "É por causa de sua incredulidade; pois em verdade vos digo: se tivésseis fé como um grão de mostarda, diríeis a esta montanha: Transporta-te daqui para ali, e ela se transportaria, e nada vos seria impossível." (Mateus, 17, 20.)

"E tudo que pedirdes com fé, se acreditardes, vós o recebereis." (Mateus, 21, 22.)

O número de médiuns videntes e extáticos começa, de resto, a aumentar rapidamente. A geração que chega à Terra aqui veio, podem acreditar, com os germes poderosos dessa faculdade bendita, a mediunidade, que irá regenerar a superfície terrestre. Não necessito de outra prova de que os numerosos sintomas que, hoje em dia, percebem-se nas crianças. E, já que minha pena foi levada para esse tema, não poderia encerrá-lo sem dizer que o filho de Hillaire, ainda que tenha apenas três anos de idade, vê os Espíritos de uma maneira muito lúcida e que, tal como acontece com seu pai, essa visão não lhe causa o menor pavor. Que Deus o conserve algum tempo nesse mundo, que ele cresça sob a santa proteção dos bons Espíritos e, em alguns anos, o pequeno Florent, homem feito, acrescentará sua pedra à construção desse imenso edifício que chamamos de A Regeneração da Humanidade.

Coragem, portanto, espíritas; rezem, rezem com fé e logo vocês verão realizarem-se diante de seus olhos esses fenômenos, cuja possibilidade, a doutrina dos Espíritos lhes demonstrou claramente.

Após a categoria dos espíritas, vem aquela dos incrédulos de todo tipo que devo dividir em duas grandes classes: os incrédulos de boa-fé e os incrédulos de má-fé.

Entre esses, os mais numerosos, talvez, incluo todos aqueles que não crêem, porque não quiseram crer, todos aqueles que fecharam os olhos para a luz ou apressaram-se em escondê-la sob o tapete, porque sua clareza vivificadora lançava muitos raios bem brilhantes sobre seus defeitos e seus vícios, todos aqueles que não crêem, porque compreenderam, enfim, toda a verdade mas, sem querer fazer nenhum esforço em relação a si mesmos a fim de combater suas paixões, deixaram escapar essas palavras: "Mais tarde, quando estivermos velhos, enfermos, perto da morte... veremos, mas, enquanto somos jovens, devemos usufruir da vida". Insensatos, não vêem todos os dias a inexorável morte ceifar as vidas humanas, sem distinção de posição, de fortuna nem de idade? E, quem sabe se amanhã, ou talvez hoje mesmo, sua hora não irá soar? Mas não, o turbilhão dos prazeres toma conta deles, sem que se importem com o que a alma lhes faz ou o que lhes fazem essas manifestações!

Entre esses incrédulos estão também todos aqueles que não querem crer, porque a doutrina espírita prejudica seus interesses, atrapalha seus cálculos, afeta seu orgulho. Estes são os poderosos, os grandes, os sábios do planeta, cuja nobre altivez se revolta diante do simples pensamento de ver que surge, sem demonstrar temor, o espírito de um lacaio, de um engraxate ou de um inútil. E quando, então, eles ouvem dizer que eles próprios foram ou serão um dia inúteis, engraxates ou lacaios! "Afaste-se", dizem eles com todo o vigor, "doutrina ímpia e sacrílega. Quando você fosse atestada por fatos mil vezes mais palpáveis, ainda assim, ao vermos uma boca se abrir nessa mesa e se ouvíssemos essa boca nos anunciar sua revoltante reencarnação, nós lhe diríamos: 'Para trás, não acreditamos nisso!'"

A esses, nada tenho a dizer. Responderei ao seu riso zombeteiro rezando a Deus para que deixe seus corações serem atingidos por um raio de sua graça divina, que irá diminuir sua vaidade e fará com que eles compreendam que a felicidade não está nos bens deste mundo e que só estamos na Terra para nos prepararmos melhor para caminhar no céu.

Mas todas as minhas simpatias se esgotam diante dos incrédulos de boa-fé. São eles que, nunca tendo ouvido falar da santa doutrina pregada pelos Espíritos, rechaçam francamente a idéia da manifestação das almas do além. Eles nunca viram nada, nunca aprenderam nada sobre esse importante tema, e acham que podem se divertir um pouco com o relato desses fatos que, pensam eles, foram inventados para divertir as senhoras de idade ou para assustar as crianças.

A esses, eu me apressarei em dizer:[24] se neste livro eu tivesse registrado milagres cuja data remontasse a épocas remotas; se os fatos que narro tivessem ocorrido no meio do deserto do Saara, entre os povos bárbaros de alguma ilha ignorada no meio da imensidão dos mares; se, enfim, fosse totalmente impossível para vocês ir até a fonte e certificar-se, por vocês mesmos, da realidade de todos esses fatos, talvez vocês tivessem razão de negar e de rir. Mas as cenas que coloco diante dos seus olhos aconteceram e acontecem nos dias de hoje, na nossa querida e bela França; Hillaire ainda existe e, se Deus permitir, as manifestações que os Espíritos proporcionam por seu intermédio não terminarão quando este livro terminar. Portanto, é possível para cada um de vocês ir até Sonnac, em Briou, no Brissonneau, nas Vignes, enfim, a todo lugar aonde essa história os transportou; ali, vocês encontrarão homens honrados, os magistrados amados que me autorizaram a publicar seus nomes; vocês poderão informar-se junto a eles sobre a realidade dos fatos e, quem sabe, talvez uma mãe, uma irmã, um amigo venham dirigir-se a vocês e, oferecendo provas irrefutáveis de sua identidade, tirarão a venda que lhes cobre os olhos, fazendo brilhar para sempre diante de vocês a luz resplandecente da verdade.

Chego, enfim, à terceira categoria, que não é composta nem de crentes nem de incrédulos. Trata-se dos clérigos de todos os graus e todos os hábitos: longos e curtos, sacerdotes e leigos. Eles acreditam nas manifestações, são os primeiros a se interessarem, visando provar a realidade e autenticidade dos fenômenos. Mas entram num

---

24. Esta obra foi originalmente publicada no século XIX, com prefácio datado de 1º de maio de 1864.

acordo entre si para atribuí-los ao Príncipe das Trevas. E sabem por quê? Porque eles declararam que são infalíveis; porque tiveram a orgulhosa pretensão de monopolizar para si toda a verdade; porque encerraram o bom Deus em suas igrejas, em seus conselhos de religiosos, em seus concílios e Ele não poderia sair daí sem pedir sua autorização — autorização que, em se apresentando a oportunidade, eles insistiriam em negar. A verdade é que essa Igreja infalível viu surgir uma doutrina que, em alguns pontos, gostaria não de destruir, mas, de explicar de uma maneira diferente os dogmas infalíveis. Deus não poderia ser, dessa forma, colocado em contradição consigo mesmo, e aqueles que pretendiam ser totalmente donos Dele só podiam atribuir a nova doutrina a seu inimigo eterno: o Diabo.

Quantos volumes escritos para chegar a essa conclusão! Quantas veementes pregações fizeram vibrar os arcos de nossas basílicas para assinalar aos fiéis as novas artimanhas postas em jogo pelo Príncipe das Trevas que, a fim de melhor enganar a humanidade, disfarçou-se em Anjo das Luzes e veio pregar aos homens a imortalidade da alma, o poder da prece, a prática da grande lei, do amor e da caridade.

Vocês acreditam estar no caminho certo, todos vocês que, rezando a Deus no silêncio de seu quarto e, do fundo do seu coração, pedem-lhe para lhes enviar seus bons anjos ou alguns de seus Espíritos que sejam simpáticos a vocês, a fim de que seu poderoso concurso lhes ajude a suportar com resignação as duras provas da vida. Vocês esperam que sua prece seja exaltada e que logo a felicidade venha alegrar seus rostos, que a coragem tome conta de suas almas abatidas, que a fé envolva todo o seu ser, porque sentiram sua mão se agitar e, inconscientemente, escrever diante de seus olhos algumas belas palavras, alguns conselhos amigos que os ajudarão a extirpar de seus corações as plantas parasitas, que até então escondiam ali suas paixões. Plenos de reconhecimento e de amor, vocês caem de joelhos e agradecem ao Todo-Poderoso de lhes ter oferecido esse favor incomensurável. Errado!... Foi o Diabo que respondeu a seus apelos, e as preces de vocês são uma blasfêmia!

Mas, dirão vocês, Deus, que é bom, Deus que é justo e misericordioso, não terá Ele lido os meus pensamentos mais profundos? Não terá Ele compreendido que meu único desejo era o bem dos meus semelhantes e minha melhora moral? Como, então, Ele permitiu que Satã viesse me enganar quando eu Lhe pedia a ajuda de um bom anjo? Como pôde ele colocar diante de mim uma pedra, a terrível pedra no caminho, quando eu lhe pedia o pão, esse delicioso pão de vida que alimenta a alma, eleva-a até acima da Terra e aproxima-a do seu Criador?

A resposta é fácil:

"Insensato é aquele a quem o Deus radiante de luz, o Deus de santidade, curvar-se-ia até você para lhe oferecer um ouvido atento às palavras impuras que saem de sua boca orgulhosa e suja! Você, indivíduo temerário, que ousou profanar o santuário do verdadeiro Deus! Ímpio, herético, idólatra, que ousou apropriar-se dos direitos do altar e não se dirigiu aos intermediários que Deus escolheu para fazer chegar aos humanos suas graças, seus rigores, suas leis; maldito seja! Que o pecado do orgulho que você acaba de cometer o condene para sempre às chamas do inferno! Que Satã, que o infernal Satã seja daqui em diante o seu guia e que todas as palavras pronunciadas por sua boca, que todas as frases escritas pela sua pena sejam marcadas, a partir de agora, pelo selo de Lúcifer!"

Que importa que as palavras ditadas pelos Espíritos sejam boas ou ruins; se a sua fonte é impura, elas também o são. Ora, as almas não se manifestam, elas não podem fazê-lo, Deus não permite isso. Somente os Espíritos, seres fantásticos que nunca passaram por uma encarnação e são voltados, uns perpetuamente ao bem e a todos os prazeres dos eleitos, outros perpetuamente ao mal e a todas as formas de tortura dos malditos, somente esses Espíritos têm o poder de se manifestar. Os bons ou anjos (dentre os quais a Igreja inclui os humanos que sua infalibilidade julgou dignos de um tal favor, altamente proclamado por um processo de canonização), os bons ou anjos velam sem cessar pela Igreja e, por uma permissão toda especial de Deus, manifestam-se a ela nos momentos de grande perigo, nas épocas de perseguição, nos períodos de provação, mas eles não saberiam se comunicar de outra forma, porque Deus não quer. Os maus, precipitados no abismo por terem querido se revoltar contra o Todo-Poderoso, juraram travar com Ele uma guerra eterna e, com esse objetivo, vêm para a Terra, enganando o tempo todo os humanos, jogados dessa forma, sem socorro, as suas terríveis armadilhas; sua audácia é tão grande que eles chegam mesmo a tentar entrar no recinto dos templos para aí encantar sua presa, para roubá-la ao Eterno, e mergulhá-la para sempre nas trevas do inferno; pobres carneiros do bom Deus que não puderam abrigar-se de forma suficientemente segura sob a sombra tutelar das cruzes de ouro e de pedras preciosas, cajados santos dos bispos. Pobres ovelhas temerosas, pobres cordeiros imprudentes! Quem não soube guardar vocês por trás de uma muralha invulnerável de água benta, crucifixo, escapulários, relíquias sagradas, ossos de santos e pedaços da cruz verdadeira! Oh, tremam, porque Satã ruge à sua volta. Sem cessar, ele mantém-se pronto a atirar-se sobre seu curral de ovelhas e, apesar de suas preces, apesar de suas lágrimas e gritos, vocês cairão sobre seu poder, por toda a eternidade!

Mas as almas dos mortos não poderiam se manifestar. Algumas — um número bem pequeno — vão desfrutar junto de Deus dos prazeres indizíveis proporcionados por uma eterna contemplação das maravilhas da criação; outras — todas aquelas que tiveram a precaução de deixar perfeitamente munidas dos sacramentos da Igreja — vão pagar, por meio de uma estada de vários séculos no purgatório, os pecadilhos dos quais se esqueceram de arrepender-se; e, com certeza, os sofrimentos, tanto morais quanto materiais desse lugar transitório, não irão lhes deixar nem o tempo nem o desejo de misturar com os assuntos dos homens. A grande massa, enfim, daquelas que não tiveram a sorte de encarnar nas famílias católicas e, em conseqüência, não viram o "pecado original" apagar-se de seu seio sob a influência da água benta e das palavras sacramentais do batismo, todas as almas judias, protestantes, muçulmanas, chinesas, hindus, adoradoras de Brahma, de Vishnu, de Buda, do Sol e da Lua irão, depois da morte de seus corpos, estender a mão aos incrédulos, aos materialistas, aos racionalistas, aos adeptos do falansterismo, aos espíritas, aos admiradores de Rousseau, de Voltaire, de Jean Reynaud, de Louis Jourdan, do abade e do célebre Renan, para dançar durante a eternidade com os seguidores de Lúcifer a ronda infernal dos condenados, desses "seres malditos que Deus retirou para sempre da vida e com os quais devemos manter apenas relações de ódio, de maldição e de repulsa absoluta." Menos que todas as outras, essas almas não saberiam voltar ao plano físico, porque não saberiam, nem por um instante, furtar-se às terríveis torturas do inferno... A menos que, de bom grado, alistem-se nas legiões negras de Satã e tornem-se, também elas, Espíritos decaídos, emissários do Diabo.

As almas dos mortos não poderiam se comunicar. Eis o que a Igreja infalível ensina, hoje, quando pretensas almas ditaram à humanidade uma doutrina que o Catolicismo reprova. Mas, o que havia antes, antes dessa filosofia que, hoje em dia, fez progressos tão rápidos e que chamamos de *Espiritismo*?

Ah! Antes...

Eu não sou tão erudito, tão *expert* na teologia infalível para assegurar que a Igreja ensinava o contrário, mas, tudo me leva a acreditar nisso, pois, eis aqui o que a mesma Igreja fazia em diversas circunstâncias.

Quando ruídos ocultos eram ouvidos em alguma casa isolada, quando as aparições eram notadas por um ou mais fiéis em meio aos entulhos de alguma mansão em ruínas, logo se corria ao presbitério para levar algumas moedas ao bom vigário da paróquia que se apressava a arranjar algumas missas para aquele que estava voltando, para a alma penada que vinha dessa forma pedir preces. E logo aquele que estava voltando deixava de voltar.

De duas, uma: ou esses tais que estavam voltando eram o Diabo ou eram realmente aquilo de que eram chamados: almas penadas, almas que tinham vivido sobre a Terra. Nesse último caso, por que razão o que era verdade havia alguns anos hoje é mentira; no outro, por que se celebravam missas para Satã? Havia uma esperança de convertê-lo?

Eu não quero resolver esse problema. Limito-me a colocá-lo pedindo aos meus leitores que procurem eles mesmos uma solução para a questão.

Para mim, com minha fé, com essa fé que se apóia em provas palpáveis, proclamarei, sem cessar, em altos brados: eu creio em Deus, na imortalidade da alma e em suas manifestações. Creio na caminhada sempre ascendente dessa alma através dos milhares de mundos com os quais o Grande Arquiteto achou por bem preencher sua incomensurável criação. Creio numa recompensa ou numa punição que atingem cada alma durante cada uma de suas peregrinações na escala desses mundos; recompensa ou punição sempre proporcional a seus méritos ou a seus defeitos. Rechaço como criminosa, como algo que atenta contra a bondade e a justiça de Deus, a idéia revoltante de um inferno eterno e, se estiver enganado, apelo com confiança para o Juiz Supremo para que julgue meu erro, persuadido de que, melhor do que qualquer outro, Ele saberá dar a cada um a parte que lhe compete.

Fim

Leitura Recomendada

100 Anos de Comunicação Espírita em São Paulo
Eduardo Carvalho Monteiro

Eis uma obra que irá agradar por seu conteúdo histórico, resultado de um miticuloso trabalho de pesquisa feito pelo autor para registrar cem anos de comunicação espírita no Estado de São Paulo.

Anuário Histórico Espírita
Eduardo Carvalho Monteiro

Tem a finalidade de colaborar para o resgate da memória do Espiritismo no Brasil e no mundo, por meio de contribuições espontâneas em forma de artigos de historiadores e pesquisadores do Espiritismo que trazem dados históricos ricos em informações que engrandecem o conteúdo desta obra.

Batuíra O Diabo e a Igreja
Eduardo Carvalho Monteiro

Esta obra traz episódios até então desconhecidos de um grande pioneiro do Espiritismo em São Paulo: Antônio Gonçalves da Silva era conhecido por Batuíra, o "velhinho de barbas brancas", notável filantropo e médium curador que nada cobrava pelas curas físicas e mentais que promovia, fossem seus assistidos pobres ou ricos. Suas façanhas mais conhecidas eram a libertação de "loucos" violentos das cadeias.

Chico Xavier e Isabel, A Rainha Santa de Portugal
Eduardo Carvalho Monteiro

Chico Xavier e Isabel são espíritos afins, porque vivem um mesmo ideal. Suas vidas assemelhadas no amor à humanidade derrubam o tempo ordinário e o espaço insignificante, desprezando os rótulos religiosos para se atraírem na eternidade e servirem de exemplo a todos nós, espíritos peregrinos em busca de luz!

Tudo Virá a seu Tempo Elcio Abraça os Hansenianos
Eduardo Carvalho Monteiro

Nem mesmo a morte separa aqueles que se amam. Com mensagens inéditas psicografadas por Chico Xavier, Tudo Virá ao seu Tempo mostra que a crença na existência da vida após a morte física pode ser o alento para quem vive a experiência dolorosa da perda de um filho, prematuramente, como é o caso da família Tumenas.

Manual Prático do Desenvolvimento Mediúnico
Eunilto de Carvalho

Uma obra extremamente esclarecedora e didática, pois, segundo o autor, é contraproducente intensificar a movimentação de energia sem disciplinar-lhe os impulsos, assim como é perigoso possuir o dom sem saber usar.

Leitura Recomendada

EVANGELHO COMENTADO À LUZ DO ESPIRITISMO, O
Dulcídio Dibo

Esta obra é um compêndio de temas do Evangelho explicados por Kardec, Emmanuel e André Luiz. Ele traz a visão espírita perante a religião cristã, numa linguagem clara e acessível, com temas contemporâneos e de grande utilidade para a realização do Evangelho no lar.

ESPIRITISMO E RELIGIÕES REENCARNACIONISTAS
Um Compêndio sobre Vidas Passadas
Dulcídio Dibo

Um compêndio escrito em linguagem clara, de forma didática e acessível a todos que procuram vivenciar a religiosidade peculiar que oferecem o Espiritismo e as Religiões Reencarnacionistas.

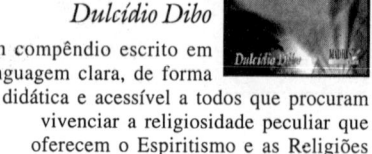

NADA OCORRE POR ACASO
Obra Mediúnica do Grupo Espiritual Eterno Alento — Médium: Áurea Luz

Nada Ocorre por Acaso é um romance encantador que sintetiza a "passagem" numa ocorrência natural de nossa evolução, incapaz de separar almas afins. Você vai se emocionar com essa história!

FORÇA DO PENSAMENTO POSITIVO, A
Sucesso e Prosperidade
Eunilto de Carvalho

Neste livro, você encontrará meios para expandir sua consciência divina e assim resolver todos os problemas, podendo ter uma vida repleta de paz, saúde, alegria, felicidade, prosperidade.

ENFIM JUNTOS
O Amor pode Atravessar Séculos...
Adreie Bakri

Acreditem ou não em reencarnação, todas as pessoas sonham em um dia encontrar sua alma gêmea e dividir com ela todos os momentos de sua vida, ou de suas vidas. Enfim Juntos relata a história de amor de Mário e Ana que, apesar de se amarem profundamente, passaram, vidas após vidas, resgatando erros para, enfim, poder viver o grande amor.

VERDADEIRO SENTIDO DA VIDA, O
Sois Deuses
Mauro Judice

Aqui, o autor expõe o sentimento da descrença em seus fatores fundamentais — os interesses pessoais e os limites da emoção — comumente ocultados pelos indivíduos descrentes.

MADRAS® Espírita

CADASTRO/MALA DIRETA

Envie este cadastro preenchido e terá todas as informações dos nossos lançamentos, nas áreas que determinar.

Nome _____
Endereço _____
Bairro _____ Cidade _____
Estado _____ CEP _____ Fone _____
Email _____
Sexo ☐ Fem. ☐ Masc. Nascimento _____
Profissão _____ Escolaridade (nível) _____

Você compra livros:
☐ livrarias ☐ feiras ☐ telefone ☐ reembolso postal
☐ outros: _____

Quais os tipos de literatura que você LÊ:
☐ jurídicos ☐ pedagogia ☐ romances ☐ técnicos
☐ esotéricos ☐ psicologia ☐ informática ☐ religiosos
☐ outros: _____

Qual sua opinião a respeito desta obra? _____
_____

Indique amigos que gostariam de receber a MALA DIRETA:
Nome _____
Endereço _____
Bairro _____ CEP _____ Cidade _____

Nome do LIVRO adquirido: Os Milagres dos Nossos Dias

Para receber catálogos, lista de preços e outras informações escreva para:

MADRAS Espírita

Rua Paulo Gonçalves, 88 – Santana – 02403-020 – São Paulo – SP
Caixa Postal 12299 – 02013-970 – SP
Tel.: (0_ _11) 6959.1127 – Fax: (0_ _11) 6959.3090
www.madras.com.br

Este livro foi composto em Times New Roman, corpo 11/12.
Papel Offset 75g – Bahia Sul
Impressão e Acabamento
Cromosete Gráfica e Editora – Rua Uhland, 307 – Vl. Ema – São Paulo/SP
CEP 03283-000 – Tel.: (0_ _11) 6104.1176 – e-mail: cromosete@uol.com.br